Schnell zubereitet – verführerisch gut

Köstliche Gerichte in fünfzehn Minuten

Anne Willan
Schnell zubereitet – verführerisch gut
Köstliche Gerichte in fünfzehn Minuten

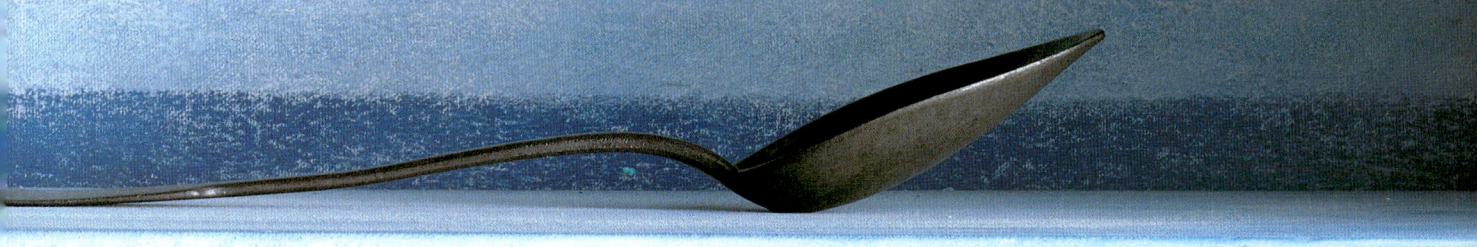

Fotos von Sara Taylor
Aus dem Englischen
von Tobias Hierl

Droemer Knaur

Umschlag: Hähnchenflügel mit Sahnetomaten *siehe Seite 24*
Umschlag hinten: Pfefferbirnen in Rotwein *siehe Seite 106*
Vortitel: Kedgeree *siehe Seite 64*
Vorherige Seite: Tagliatelle mit Koriander und Ingwer *siehe Seite 67*
Gegenüber: Marokkanische Galettes mit Trockenfrüchten und Schokolade *siehe Seite 112*

Für das Küchentrio vom Tscherniavsky, Mark, Simon und Emma

Die Deutsche Bibliothek – CIP-Einheitsaufnahme

Willan, Anne:
Schnell zubereitet – verführerisch gut : köstliche Gerichte in
fünfzehn Minuten / Anne Willan. Übers.: Tobias Hierl. Fotos:
Sara Taylor. – München : Droemer Knaur, 1996
Einheitssacht.: In & out of the kitchen <dt.>
ISBN 3-426-26932-5
NE: Willan, Anne: In and out of the kitchen <dt.>

© Copyright der deutschsprachigen Ausgabe
Droemersche Verlagsanstalt Th. Knaur Nachf., München 1996
© Copyright des Textes 1995 Anne Willan Inc.
© Copyright der Fotos 1995 Sara Taylor
© Copyright des Designs 1995 Quadrille Publishing Limited

Die englische Originalausgabe erschien 1995 unter dem Titel „In & Out of the Kitchen"
bei Quadrille Publishing Limited, London

Das Werk einschließlich aller seiner Teile ist urheberrechtlich geschützt.
Jede Verwertung außerhalb der engen Grenzen des Urheberrechtsgesetzes ist ohne
Zustimmung des Verlags unzulässig und strafbar. Das gilt insbesondere
für Vervielfältigungen, Übersetzungen, Mikroverfilmungen und die Einspeicherung
und Verarbeitung in elektronischen Systemen.

Umschlaggestaltung: Angela Dobrick, Hamburg
Umschlagfoto: Sara Taylor
Produktionsbetreuung: Print Company Verlagsges.m.b.H.,
Margaretenstr. 87, 1050 Wien
   Übersetzung: Tobias Hierl
   Lektorat: Susanne Spreitzer
   Satz: Eva Kaltenbrunner
Druck und Bindung: Cayfosa Industria Grafica, Spanien

ISBN 3-426-26932-5

5 4 3 2 1

Inhalt

Einleitung 7

Bereit zum schnellen Start *11*

Die Hauptsache *23*

In fünfzehn Minuten auf dem Tisch *47*

Flotte Salate *69*

Leicht und locker *89*

Ein schnelles Finale *105*

Menüs in weniger als einer Stunde *126*

Register *128*

Einleitung

Keiner von uns steht gern lange in der Küche, doch wir alle lieben es, gut zu essen. Die Rezepte in diesem Buch sind mein persönlicher Beitrag zu diesem Thema, die Art, wie ich selbst koche. Sie alle geben Ihnen genügend Zeit, sich zu entspannen, während das Essen köchelt, im Backrohr brät oder im Kühlschrank gefriert. Bei einigen Rezepten müssen Sie nicht warten, sondern können gleich servieren.

Sie werden sofort sehen, daß das wirkliches Essen ist, mit marktfrischen Zutaten – Gerichte wie Chicoréesalat mit Ziegenkäse auf Toast und gebratenes Schweinekarree mit Kartoffeln auf Bäckerart zählen zu meinen Lieblingsrezepten. Heute, wo es das ganze Jahr über so viele frische Produkte und so viele exotische Gewürze zu kaufen gibt, die es vor einigen Jahren noch nicht gab, haben wir eine große Auswahl. Auf diese Weise koche ich seit Jahren, nachdem ich begann, einen Ehemann, zwei Kinder und einen anstrengenden Beruf unter einen Hut zu bringen. Es ist nicht nötig, Kompromisse zu schließen und verpackte Fertiggerichte zu verwenden, die oft teuer sind und meist nicht gut schmecken. Wenn Sie also in einer Viertelstunde mit dem Kochen fertig sein wollen, müssen Sie planen und sich einen gut sortierten Vorratsschrank anlegen. Jede Sekunde zählt – wirklich, diese Rezepte wurden Schritt für Schritt mit der Stoppuhr gemessen. Ich erkannte bald, daß wir eine Zeitanalyse betreiben für die Zusammenstellung der Zutaten – vom Anfang bis zum Ende. Um diesen Weg zu skizzieren, hatte ich die unbezahlbare Hilfe von Alex Bird, dem erfahrenen Chefkoch von La Varenne, und von Amanda Hesser, Marah Stets und Kevin Tyldesley, alle ambitionierte Köche. Was diese leisten, können auch Sie.

Im ganzen Buch habe ich mich auf Speisen beschränkt, die gehaltvoll genug sind, um mit wenigen oder ohne Beilagen ein Menü zu bilden. Es gibt eine Auswahl an traditionellen und innovativen Eintöpfen, mehrere Leichtgerichte, einige vegetarische Gerichte, dazu schnelle Salate und eine Reihe von Gerichten, die in 15 Minuten serviert werden können. Die restlichen Kapitel über Vorspeisen und Desserts bieten einige schnelle Möglichkeiten, eine Mahlzeit abzurunden. Auf Seite 126 stehen diverse Menüvorschläge, die Rezepte aus den einzelnen Kapiteln kombinieren.

Was Sie hier nicht finden, sind Brote, Mehlspeisen oder Kuchen, die viel zuviel Arbeit verursachen. Gebratenes Fleisch muß ständig begossen werden und wird mit einer Sauce oder mit Bratensaft serviert, deshalb fallen sie nicht unter die »Fünfzehn-Minuten-und-nicht-mehr-Regel«. Wir beschreiben auch keine aufwendigen Dekorationen oder Möglichkeiten des Anrichtens. Ich glaube jedoch, daß Sie überrascht sein werden über die Fülle an Möglichkeiten, von der Minestrone à la minute zum Hühnchen in Chili-Kokosnuß-Sauce bis zum gebratenen Wurzelgemüse mit Walnüssen und einem Pflaumenkuchen.

Das ist meine Art des Kochens und mein spezielles Essen. Mit diesem Buch begrüße ich Sie in meiner Küche und hoffe, Sie freuen sich darüber genauso wie ich. Ich bitte Sie nur um 15 Minuten Zeit!

Links: Pflaumenkuchen *siehe Seite 109*

Wie Sie dieses Buch verwenden

Die Rezepte in diesem Buch geben Ihnen eine gute Grundlage, spezielle Empfehlungen zur Auswahl der Zutaten und Anregungen für Alternativen und Tips bei heiklen Rezepten. Wenn Ihnen eine Speise schon einmal geglückt ist, reicht es, wenn Sie beim nächsten Mal nur noch die Zutatenliste und die Kurzfassung am Ende lesen.
Die Mengen wurden für vier Personen berechnet. Wenn Sie zu zweit oder allein sind, sparen Sie nicht viel Zeit dadurch, daß Sie die Mengen reduzieren. Das Ergebnis kann mitunter nicht so optimal ausfallen, da die Menge der Zutaten nicht unbedingt in einem direkten Verhältnis zu den Portionen steht.
Sie fahren besser damit, wenn Sie am nächsten Tag den Rest genießen. Dementsprechend habe ich vor allem Speisen gewählt, die man gut aufwärmen kann, und solche, die leicht in großen Portionen zubereitet werden können.
Um Zeit zu sparen, müssen wir über einiges hinwegsehen. Gemüse wird kaum geschält, deshalb werden Sie öfters auf einen erdigen, kräftigen Geschmack stoßen. Wenn Produkte in Ihrem Geschäft schon gewaschen sind, nehmen Sie diese. In meinen Rezepteinleitungen schlage ich oft vor, daß Sie Fisch oder Fleisch möglichst schon im Geschäft filetieren, putzen und aufschneiden lassen sollten.
Bei sehr vielen Rezepten benötigen Sie eine Küchenmaschine oder einen Mixer – beides spart enorm Zeit. Wählen Sie vielleicht besser ein anderes Rezept, wenn Sie keines der Geräte haben. Die Mikrowelle finde ich weniger nützlich, dennoch schlage ich sie in rund einem Dutzend Rezepten als Alternative vor, bei der Sie sichtlich Zeit sparen können, und das Ergebnis fällt dadurch keinesfalls schlechter aus.
Sie werden bemerken, daß sich zwei Prozeduren nicht beschleunigen lassen – das Erhitzen des Backofens oder eines Topfes voll Wasser; deshalb schlage ich oft vor, das schon zu tun, bevor Sie mit dem Rezept beginnen.

Der wohlgefüllte Küchenschrank

Jeder hat eigene Ideen über die notwendigen Vorräte, und hier stelle ich meine vor. Sie alle können über Wochen oder Monate gelagert werden. Ich glaube nicht, daß Sie jede der folgenden Zutaten brauchen. Sie sind aber eine gute Einstimmung, bevor wir in die Küche gehen.

Grundlagen
In jedem noch so kleinen Haushalt finden sich meist:
Salz, schwarzer Pfeffer (gemahlen oder in einer Mühle), *Mehl, Zucker, Pflanzenöl, Tee* und *Kaffee*.
Einige weitere Möglichkeiten ergeben sich durch *weißen Pfeffer, schwarze Pfefferkörner, braunen* und *Würfelzucker*.

Würzmittel
Hier beginnt der Spaß:
Beim *Essig* hat man die Wahl zwischen *Rot-* oder *Weißweinessig*; darüber hinaus gibt es etwa *Apfel-, Reis-, Himbeer-* oder *Balsamessig*.
Zu den *Ölen* zählen *Oliven-* oder *Walnußöle* und *dunkles Sesamöl* für einen asiatischen Einschlag.
Für einen salzigen oder pikanten Geschmack gibt es *Soja-, Worcestershire-* und *Tabascosaucen, Kapern, Anchovis, getrocknete Tomaten, Meerrettich* und *Dijonsenf*, bevor wir zu den asiatischen Möglichkeiten übergehen, wie *Austern-, Fisch-* oder *Pflaumensaucen*.
Für Desserts *Vanilleessenz* und *Vanilleschoten* nicht vergessen.

Gewürze und Kräuter
Es ist verblüffend, wie viele getrocknete Gewürze und Kräuter wir heute verwenden.
Aromatische Gewürze reichen von *Muskatnuß, gemahlenem Zimt* und *Zimtstangen, ganzem* und *geriebenem Piment* sowie *Koriander* bis zu *Kreuzkümmel, gerieben* oder *im ganzen*.
Etwas Farbe verleihen *Safran, Kurkuma* und *Paprika*.
Für Schärfe brauchen Sie *getrocknete Senfkörner, Ingwer* und die *Chili*-Familie – *getrocknete rote Peperoni* oder *zerstoßene rote Peperoni, Cayennepfeffer* und *rote Chilipaste*.
Bei getrockneten Kräutern glaube ich, daß nur einige ihr Aroma behalten – kleine Gläser mit *Lorbeerblättern, Rosmarin, Thymian* und *Salbei* genügen.
Bei anderen Kräutern haben frische Zweige mehr Geschmack und halten sich über eine Woche im Kühlschrank.
Ich verwende nicht sehr viele Gewürzmischungen, außer *Kräuter der Provence* und natürlich *Currypulver*.

Getreide und Pasta

Meine Familie tendiert mehr zu Getreide als zu Pasta, deshalb haben wir kaum mehr an Vorrat als *Spaghetti, Maccheroni, Fusilli, Tagliatelle* und vielleicht ein wenig an *asiatischen Reisnudeln*.

Wir experimentieren viel lieber mit Getreide, deshalb können Sie damit rechnen, *geschroteten Weizen, Bulgur, Grieß, Couscous* und *Polenta* neben dem *Reis* zu finden – *Langkorn, Rundkorn, Basmati, wilder* und meist auch *Naturreis*.

Nehmen Sie noch ein wenig Kleinzeug wie *Linsen* und *Rollgerste*, und Sie haben die perfekte Grundlage für Dutzende Gerichte.

Trockenfrüchte, Nüsse und Eingemachtes

Von hier kommt die Süße und die Konsistenz, angefangen von *Rosinen, Backpflaumen* und *getrockneten Aprikosen* über *Feigen* und *Datteln* bis hin zu meinen Favoriten, *kandierten Orangen* und *Ingwer* für Kuchen.

Mein Vorratsschrank ist immer voll mit *Nüssen* – *Walnüsse, Pecannüsse, Haselnüsse* (vorzugsweise geschält und ungeschält), *geschälte* und *blanchierte Pistazien, Pinienkerne* und eine Menge *Mandeln*, ganze, geschälte, in Scheiben und gemahlen. Außerdem noch *Erdnußbutter*.

Hierher paßt auch die Erwähnung von rotem *Johannisbeergelee* und von *Aprikosenmarmelade*, mit denen Obstkuchen bestrichen werden. Dazu kommt ein Topf *Zitronenmarmelade* und hoffentlich ein wenig *hausgemachte Marmelade* für den Frühstückstoast.

Zuletzt das Wichtigste von allem: *Honig* und *Zartbitterschokolade*, die als Grundlage so mancher unserer heutigen Desserts nicht mehr wegzudenken sind.

Konserven

Sie werden wenige Konserven-Nahrungsmittel bei uns finden, höchstens *Tomaten* (vorzugsweise *Fleischtomaten*) und *Tomatenmark* in einer Tube, damit es nach dem Öffnen länger haltbar ist. Ich finde *weiße Kidney-Bohnen* hilfreich, um einer Gemüsesuppe mehr Gehalt zu geben, und für Notfälle gibt es noch einige Dosen *wenig gesalzener Rinder-* oder *Hühnersuppe*. Das ist alles.

Der Gefrierschrank

Hier ist mehr Platz für Kreativität. Vergessen wir einmal den Gefrierschrank als einen Ort, wo Reste gelagert werden, und beschäftigen wir uns mit den Zutaten. In unserem Gefrierschrank gibt es immer Vorräte von *frischer Tagliatelle, Butter* und *geriebenen Parmesan* oder *Gruyère*. Dazu kommen unsere eigenen *frischen Erbsen, grünen Bohnen* und anderes Gartengemüse; die einzigen Tiefkühlprodukte, die ich kaufe, sind *Blattspinat* und *Himbeeren*. Weiters *geschnittenes weißes* oder *dunkles Brot* (für Toast), *Blätterteig* (zu schwierig, um ihn frisch zuzubereiten), *dünn geschnittener Speck* (weil wir ihn mögen) und eine oder zwei Packungen *Eiscreme* – das ist der Inhalt unseres Gefrierschranks. Sie haben, da bin ich mir sicher, eine Menge eigener Ideen.

Frische Produkte

Nun betreten wir das Herz der Arbeitsküche – die folgenden Produkte können bis zu zwei Wochen gelagert werden. In Ihrem Gemüsefach finde ich hoffentlich *Kartoffeln* und Wurzelgemüse wie *Möhren* und vielleicht *Rüben, Erbsen, Lauch, Bohnen* oder *Sellerie*. Die Zwiebelfamilie – *Gemüsezwiebel, süße rote, Frühlingszwiebel* oder *Perlzwiebeln* für den Salat, und *Knoblauch* – sind unverzichtbar. Einige *Schalotten* sind ebenso hilfreich wie eine frische *Ingwerwurzel*. Sorgen Sie außerdem noch für einige Zitrusfrüchte – *Orangen, Zitronen* und *Limetten*.

Der Kühlschrank

Hier ist Platz für die täglichen Produkte, wie *Butter, Milch, Sahne, Eier, Joghurt, saure Sahne, Crème fraîche* und *Quark*.

Das Getränkeregal

Bedenken Sie auch die Möglichkeiten von Alkohol in der Küche. Wir beginnen mit *Rot-* oder *Weißwein* und gehen über zu schwereren Weinen wie *Marsala, Madeira, Sherry* oder *Portwein*. Ein Schuß gebrannter Alkohol – *Cognac, Rum* oder *Whisky* und vielleicht weniger bekannte Sorten wie *Calvados* oder *Pernod* – verbessert oftmals ein Ragout oder eine Sauce. Nur Wodka hat hinsichtlich Geschmack wenig zu bieten. Klare Brände wie *Kirsch* oder *Williams* (Birnenschnaps) machen sich gut in einem Dessert, ebenso Liköre mit Orangenaroma wie *Grand Marnier* oder *Cointreau*.

Bereit zum schnellen Start

Bei uns gibt es fast immer eine Vorspeise, selbst wenn es nur ein grüner Salat ist, der mit Käse oder gehackten Walnüssen bestreut wird. Eine pikante Vorspeise ist für mich der Beginn einer Mahlzeit, weckt Erwartungen und führt ohne Umstände zum Hauptgericht. So sollte es zumindest sein.

Wie immer gehe ich planmäßig vor. Jedes Rezept hat seinen Platz. Wenn wir Gäste haben, muß die Vorspeise einfach zu machen sein, damit ich mich ohne Unterbrechung auf das Hauptgericht konzentrieren kann. Geräucherter Lachs, Makrelenaufstrich oder Hühnerleber mit Apfelmousse sind für eine Einladung ideal. An einem warmen Abend entspannen wir uns bei einem gekühlten Melonensalat mit Balsamessig, im Winter ist hingegen eine Römische Salatsuppe eine willkommene Vorspeise. Für beides brauchen Sie kaum 10 Minuten Vorbereitungszeit, und beides ist fast sofort eßfertig. Am Samstag sind Shrimps im Topf eine unserer Schwächen, zu denen wir uns ein Glas Chardonney genehmigen.

Gute Vorspeisen können so schmackhaft sein, daß ich in Restaurants manchmal sogar zwei oder drei bestelle und das Hauptgericht links liegenlasse. Für zu Hause würde ich Ihnen das nicht empfehlen, außer Sie haben genügend Zeit. Sie werden jedoch entdecken, daß Rezepte wie Lachscarpaccio eine wunderbare Sommermahlzeit ausmachen können, wenn dazu ein grüner Salat und eine frische Schnitte Ihres Lieblingsbrotes serviert werden.

Links: Rotwein-Gazpacho *siehe Seite 12*

Rotwein-Gazpacho

Vorbereitung: 9 Minuten
Kühlen: ca. 2 Stunden
Lagerung: bis zu 24 Stunden im Kühlschrank

4 Portionen

Den Gazpacho als flüssigen Salat zu bezeichnen, ist zwar banal, doch beschreibt dieser Ausdruck die Attraktion der gekühlten spanischen Suppe. Wie in jedem Salat zeigen sich die Hauptzutaten – in diesem Fall reife Tomaten, rote Paprika und Gurken – von ihrer besten Seite.
Mit einer Küchenmaschine ist es gut möglich, frische Tomaten zu verwenden und in unserem Zeitlimit zu bleiben, doch ich weiß, daß Dosentomaten eine zeitsparende Versuchung sind. Ich überlasse die Entscheidung Ihnen.
Sorgfältiges Abschmecken der Suppe mit Olivenöl, Rotweinessig und einem fruchtigen Rotwein ist wichtig. Der Gazpacho ist vor allem im Sommer erfrischend, er sollte deshalb gut durchgekühlt sein. Geben Sie vor dem Servieren noch einen Eiswürfel in jede Schale.

2 Scheiben Weißbrot
500 g sehr reife, große Tomaten oder mehr, wenn nötig
1 rote Paprika
½ mittelgroße Gurke
1 Knoblauchzehe
4 EL Olivenöl
125 ml Rotwein
3 EL Rotweinessig oder mehr, falls nötig
Prise Zucker
Salz und frisch gemahlener schwarzer Pfeffer
Eiswürfel zum Servieren

Küchenmaschine

Brot in eine kleine Schüssel geben, 250 ml Wasser dazugießen und einweichen lassen.
Dann das Gemüse zum Pürieren in der Küchenmaschine vorbereiten. Dabei sollten in möglichst kurzer Zeit so viele Gehäuse, Samen und Schalen wie möglich beseitigt werden. Die Suppe wird noch immer ein wenig grob sein. Sehr gesund!
Mit einer Messerspitze die Tomaten ausschneiden, halbieren, die Samen herauskratzen und das Fruchtfleisch grob würfeln. Die Paprika halbieren, Strunk und Samen entfernen. Vierteln. Die Gurke mit einem Sparschäler schälen, vier dünne Streifen der Schale zur Garnierung aufbewahren. In Längsrichtung halbieren und mit einem Teelöffel die Samen herauskratzen. Die Gurke in Stücke schneiden. Mit der flachen Klinge die Knoblauchzehe leicht andrücken, damit sich die Haut leichter löst, und hacken.
Die Hälfte des Gemüses in die Küchenmaschine geben und so fein wie möglich pürieren. Dieses Gemüsepüree in eine große Schüssel leeren.
Das aufgeweichte Brot mit den Händen ausdrücken, um überschüssiges Wasser zu entfernen. Den Rest des Gemüses mit Olivenöl und Brot pürieren und in die Schüssel geben. Wein, Essig, Zucker, Salz und Pfeffer unterrühren. Das Abschmecken hängt sehr vom Gemüse ab. Zudecken und ca. 2 Stunden kühl stellen.
Den Gazpacho umrühren; er sollte ziemlich dickflüssig sein, geben Sie jedoch ein wenig mehr Wasser hinzu, wenn er zu dick ist. Nochmals kosten, nachwürzen und möglicherweise mehr Essig dazugeben, damit sich der frische Geschmack entwickelt. In Servierschalen schöpfen, einen Eiswürfel dazugeben und jede Schale mit einem zu einem Knoten geschlungenen Gurkenstreifen servieren.

In Kürze

1 Brot in eine kleine Schüssel geben, 250 ml Wasser dazugießen und einweichen lassen.

2 Tomaten ausschneiden, halbieren und die Kerne herauslöffeln. In große Stücke schneiden. Paprika halbieren, Strunk entfernen und Samen herauskratzen; vierteln. Gurken schälen und 4 Streifen als Garnierung aufbewahren. Gurken längsweise halbieren und Samen mit einem Löffel auskratzen. In Stücke schneiden. Knoblauch schälen.

3 Aufgeweichtes Brot ausdrücken, um überschüssiges Wasser zu entfernen. Gemüse in Küchenmaschine auf zwei Mal pürieren, zuletzt Olivenöl und Brot hinzugeben.

4 Wein, Essig, Zucker, Salz und Pfeffer unterrühren und abschmecken.

5 Zudecken und ca. 2 Stunden kühl stellen.

6 Falls notwendig, Suppe mit ein wenig mehr Wasser verdünnen und abschmecken. In Servierschalen schöpfen, Eiswürfel hinzugeben und mit einem zum Knoten geschlungenen Streifen Gurkenschale servieren.

Römische Salatsuppe

Vorbereitung: 7 Minuten
Kochen: 10–15 Minuten
(5–6 Minuten in der Mikrowelle)
Lagerung: bis zu 24 Stunden im Kühlschrank

4 Portionen

1 kleiner Kopf Endivie (ungefähr 500 g)
1 Liter Hühner- oder Gemüsebrühe
2 Knoblauchzehen
2 EL Olivenöl
1 kleiner Bund Basilikum
250 g gekochte weiße Kidney-Bohnen aus der Dose
Salz und frisch gemahlener schwarzer Pfeffer

In Italien liebt man es, Endiviensalat mit Knoblauch und Olivenöl zu dünsten und als warmes Gemüse zu servieren. Mit Hühnerbrühe und ein paar weißen Bohnen haben Sie eine wohlschmeckende Suppe, köstlich serviert mit Käsestreifen oder mit geriebenem Parmesan bestreut.

Wenn Endiviensalat, auch unter dem Namen Escariol im Handel, nicht zu haben ist, können Sie ihn durch gekrausten Chicorée ersetzen, der ein wenig dickere Blätter als der Frisée hat. Für eine deftigere Version dieser Suppe geben Sie vor dem Servieren ein verquirltes Ei in die kochende Suppe und rühren es schnell ein, damit das Ei stockt und in der Flüssigkeit Fäden zieht.

Die Brühe in einem zugedeckten Topf zum Kochen bringen.

Mit der flachen Klinge eines Messers die Knoblauchzehen leicht andrücken, damit sich die Schale löst und entfernt werden kann.

Die Zehen mit der flachen Klinge zerdrücken und mit der scharfen Klinge hacken.

Das Öl in einem Suppentopf erhitzen, den Knoblauch dazugeben und bei schwacher Hitze 1–2 Minuten kochen, bis er weich ist. Darauf achten, daß er nicht verbrennt, sonst wird er bitter.

Inzwischen die harten äußeren Blätter der Endivie entfernen, den Strunk abschneiden und die inneren Blätter zur Seite legen. Eventuell mit kaltem Wasser waschen. Man muß sie nicht trocknen. Mit einem großen Messer mehr oder weniger grob schneiden, je nachdem wie die Konsistenz der Suppe sein soll. Die Blätter werden natürlich welk und ziehen sich während des Kochens zusammen.

Die geschnittene Endivie, Salz und Pfeffer in den Suppentopf geben. 1–2 Minuten dünsten.

Inzwischen die Basilikumblätter von den Stielen zupfen. Blätter anhäufen, leicht rollen und in Streifen schneiden, aber nicht zu fein, da sie sonst gequetscht werden.

Die kochende Brühe in den Suppentopf geben, zudecken und 10–15 Minuten ziehen lassen, bis die Endivie weich ist.

Die Bohnen samt Flüssigkeit unterrühren und die Suppe noch einmal aufkochen lassen.

Für eine kürzere Kochzeit in der Mikrowelle die Suppe in eine Mikrowellenschüssel leeren. Zudecken und auf hoher Stufe 5 Minuten kochen. Bohnen dazugeben und weitere 45 Sekunden kochen.

Wenn die Suppe gar ist, Basilikum einrühren, abschmecken und servieren.

In Kürze

1 In zugedecktem Topf Brühe zum Kochen bringen.

2 Knoblauch schälen und hacken. Öl in einem Suppentopf erhitzen und Knoblauch schwach kochen, bis er weich ist.

3 Inzwischen die harten äußeren Blätter der Endivie entfernen, Strunk abschneiden und die inneren Blätter zur Seite legen. Wenn schmutzig, waschen. Abhängig von der Beschaffenheit der Suppe, Blätter grob oder feiner hacken.

4 Endivie mit Salz und Pfeffer in den Suppentopf geben. 1–2 Minuten dünsten.

5 Inzwischen Basilikumblätter von den Stielen zupfen und grob hacken.

6 Kochende Brühe in den Suppentopf geben, zudecken und 10–15 Minuten ziehen lassen, bis die Endivie zart ist.

7 Bohnen mit Flüssigkeit einrühren und wieder zum Kochen bringen.

● Als Alternative in einer zugedeckten Schüssel in der Mikrowelle 5 Minuten bei hoher Einstellung kochen lassen. Bohnen einrühren und 45 Sekunden länger kochen.

8 Basilikum einrühren, abschmecken und servieren.

Teuflische Engel zu Pferd

Vorbereitung: 10 Minuten
Grillen: 8 Minuten

4 Portionen

Teuflische Engel zu Pferd sind eine beziehungsreiche Beschreibung für gerollten Speck, gefüllt mit Pflaumen und Austern, die auf ein »Pferd« aus Toast gesetzt werden. Muscheln sind eine Alternative als Engel, und Hühnerleber kann die teuflischen Pflaumen ersetzen. Zusammen ergeben sie eine klassische viktorianische Köstlichkeit, die am Ende eines üppigen Dinners nach dem Dessert serviert wurde. Es war wie geschaffen, den Gaumen zu kitzeln und die Fantasie anzuregen. Sie finden diese Häppchen heute nur in Londoner Clubs oder bei universitären Feierlichkeiten, wo sie aufgetragen werden, bevor man zu Port und Brandy übergeht. Als Speckliebhaberin habe ich die teuflischen Engel immer geschätzt, doch muß ich gestehen, nicht als eine Nachspeise, sondern als Hors d'oeuvre oder als ersten Gang.

8 dünne Scheiben Speck (ungefähr 250 g)
8 mittelgroße Austern ohne Schale (ungefähr 100 g)
8 entkernte eßfertige Backpflaumen (ungefähr 60 g)
4 Scheiben Weißbrot
30 g ungesalzene Butter
½ TL Worcestershire-Sauce oder mehr nach Belieben

8 hölzerne Cocktailspieße

Etwa 5 Minuten vor Beginn den Grill vorheizen und den Rost mit einer Folie bedecken. Die Speckscheiben halbieren. Ein Stück Speck um jede Auster und Backpflaume rollen. Die Austern sind unangenehm glitschig, dafür sind die Pflaumen angenehmer. Jeweils eine Auster und eine Backpflaume mit einem der 8 hölzernen Spieße aufspießen und auf die Folie legen.

Die Rollen auf der höchsten Einschubleiste, also ungefähr 5 cm von den Grillstäben entfernt, grillen, damit der Speck bräunt, aber die Austern nicht übergart werden und weich bleiben.

Nach ungefähr 2 Minuten die Spieße wenden und 2–3 Minuten weitergrillen, bis der Speck braun ist. Wenn fetter Speck verwendet wird, sollte er knusprig und das Fett ausgelassen sein.

Inzwischen das Brot toasten. Die Butter zergehen lassen und die Worcestershire-Sauce dazugeben. Wenn das Brot getoastet ist, die Rinde abschneiden und jede Scheibe diagonal halbieren.

Die aromatisierte Butter auf das Brot pinseln und jeweils 2 Stück Brot auf einen der 4 vorgewärmten Teller geben. Mit den teuflischen Engeln belegen und sehr heiß servieren.

In Kürze

1 Etwa 5 Minuten vor Beginn Grill vorheizen und Rost mit Folie belegen.

2 Speckscheiben halbieren und um Austern und Pflaumen rollen. Jeweils eine Auster und eine Pflaume auf einen Holzspieß stecken und auf die Folie legen.

3 Auf der höchsten Einschubleiste 2 Minuten grillen, damit der Speck schnell bräunt, die Austern aber nicht überhitzt werden. Wenden und die andere Seite 2–3 Minuten grillen, bis der Speck knusprig ist.

4 Inzwischen Brot toasten. Butter zergehen lassen und Worcestershire-Sauce dazugeben. Brotkruste abschneiden und jede Scheibe halbieren. Mit Butter bepinseln und auf 4 vorgewärmte Teller geben.

5 Mit den Spießen belegen und sehr heiß servieren.

Hühnerlebermousse mit Äpfeln

Vorbereitung: 10 Minuten
Kühlen: rund 4 Stunden
Lagerung: bis zu 3 Tagen im Kühlschrank, mit einem Überzug aus Butter

4–6 Portionen

125 g Hühnerleber
60 g ungesalzene Butter
1 Speiseapfel
2 Schalotten
2 EL Calvados oder Cognac
Salz und frisch gemahlener schwarzer Pfeffer

Mixer
Tontopf oder 4 einzelne Auflaufförmchen

Hühnerleber ist leicht zu bekommen und günstig. Wer hätte gedacht, daß soviel Gutes von einer Legehenne stammt? Man kann sautierte Hühnerleber über einen grünen Salat geben, sie in Speck wickeln als Alternative zu Pflaumen im Rezept Teuflische Engel (siehe Seite 14) oder sie für diese einfache Mousse mit einem Apfel kombinieren. Zur Geschmacksabrundung wird die Hühnerleber mit Calvados (Apfelschnaps) oder Cognac flambiert, um das kräftige Aroma zu mildern. Die Mousse ist leicht in größeren Mengen zuzubereiten und hält sich bis zu 3 Tagen, wenn sie von einer dünnen Schicht geschmolzener Butter bedeckt ist. Französisches Weißbrot ist ein perfekter Begleiter für ein Gericht mit solch französischen Vorzeichen.

Schneiden Sie die Hühnerleber in 2–3 Stücke und ziehen Sie dabei die Haut ab. Wenn die Leber naß ist (ein Zeichen dafür, daß sie eingefroren war und weniger Geschmack hat) trocknen Sie sie mit Küchenpapier gut ab.

Die Butter in einer Bratpfanne zergehen lassen, die Leberstücke dazugeben und mit Salz und Pfeffer bestreuen. Bei mittlerer Hitze dünsten lassen.

Inzwischen den Apfel schälen, vierteln und das Kerngehäuse ausschneiden. Die Viertel blättrig aufschneiden, in die Pfanne geben und gut vermengen. Weiter dünsten lassen und die Hitze abdrehen, bevor die Leber zu braun wird.

Mit einem Gemüsemesser die Schalotten schälen, ein wenig von der Wurzel daran lassen. Der Länge nach halbieren, mit den Schnittflächen auf das Schneidbrett legen und blättrig schneiden. Zu der Leber geben.

Umrühren, stärker erhitzen und weitere 2 Minuten kochen, bis die Leberstücke gut gebräunt, aber in der Mitte noch rosa sind. Es macht nichts, wenn die Zwiebelstücke ein wenig knackig sind.

Die Pfanne vom Herd nehmen, Calvados oder Cognac dazugeben und mit einem Streichholz anzünden. Ein wenig zurücktreten, damit Ihre Augenbrauen nichts abbekommen. Wenn es nicht brennen will, wieder erhitzen und erneut versuchen.

Den Inhalt der Pfanne zusammen mit der übrigen Butter in eine Küchenmaschine geben. Pürieren, bis die Masse cremig ist. Die Mousse abschmecken und großzügig pfeffern. In einen Tontopf oder in einzelne Förmchen geben.

Die Oberfläche mit einem Messer glattstreichen, zudecken und ungefähr 4 Stunden kühlen. Ich serviere die Mousse gerne gekühlt.

In Kürze

1 Hühnerleber in 2–3 Stücke schneiden. Haut abziehen. Gut trocknen.

2 Butter in Bratpfanne zerlassen und Leber dazugeben. Salzen und pfeffern. Bei mittlerer Hitze dünsten.

3 Apfel schälen, vierteln, entkernen und blättrig schneiden. In die Pfanne geben.

4 Schalotten schälen und blättrig schneiden. In die Pfanne geben. Stärker erhitzen und ca. 2 Minuten braten, bis die Leber außen braun, aber innen noch rosa ist.

5 Pfanne vom Herd nehmen, Calvados oder Cognac dazugeben und flambieren.

6 Den Inhalt der Pfanne mit der übrigen Butter in eine Küchenmaschine geben und fein pürieren. Mousse abschmecken, reichlich Pfeffer dazugeben und in einen Tontopf oder in Auflaufförmchen geben.

7 Oberfläche mit einem Messer glattstreichen, zudecken und rund 4 Stunden kühl stellen.

Shrimps im Topf

Vorbereitung: 7–8 Minuten
Kühlen: rund 2 Stunden
Lagerung: bis zu 2 Tagen im Kühlschrank

4 Portionen

Dieses Gericht könnte ich fast zu jeder Zeit essen. Einmachen ist dem französischen Confit verwandt, einer bewährten Methode, Nahrungsmittel zu lagern, indem sie gewürzt und kräftig gebraten werden, um die Bakterien abzutöten, und sie dann mit einer dicken Schicht Fett (in diesem Rezept vorzugsweise Butter) zu überziehen. Ersatzweise nehmen Sie Kabeljau, denn die Gewürze und die Butter unterstreichen dessen süßliches Aroma. So manchen Topf mit Shrimps und einem Glas Sherry habe ich mit meinem Vater vor dem Kaminfeuer genossen.

Im folgenden Rezept geht es darum, welche Shrimps oder Garnelen Sie verwenden. Gewöhnliche Garnelen sind ausreichend. Achten Sie aber darauf, daß sie frisch gekocht und nicht eingefroren wurden. Kleine rosa Shrimps sind sogar besser, und am besten sind die grauen oder Hummergarnelen.

Damit es schneller geht, benutze ich einen Wok. Für mehr Geschmack bräune ich die Butter. Das ergibt ein köstliches nussiges Aroma.

500 g gekochte Shrimps oder Garnelen
½ TL frisch geriebene Muskatnuß
Cayennepfeffer
75 g ungesalzene Butter
Salz und frisch gemahlener schwarzer Pfeffer
1 Zitrone zum Servieren

Wok
Holzspachtel
Tontopf oder 4 einzelne Auflaufförmchen

Wenn Sie Garnelen verwenden, hacken Sie sie grob in einer Küchenmaschine. Kleine Shrimps sollten ganz bleiben. Shrimps oder Garnelen in eine Schüssel geben und mit Muskatnuß, einer Prise Cayenne, Salz und großzügig mit frisch gemahlenem schwarzen Pfeffer würzen. Gut umrühren.

Butter im Wok zergehen lassen und 20–30 Sekunden auf mittlerer Hitze kochen, bis sich keine Bläschen mehr bilden und sich die Butter aufklart. Sie werden kleine, goldfarbene Flecken darin sehen.

Inzwischen die Enden der Zitrone abschneiden und in 8 Spalten teilen.

Garnelen oder Shrimps in die flüssige Butter geben, stärker erhitzen und das Ganze gut mit dem Holzspachtel umrühren. In der Pfanne verteilen, dabei die ganze Fläche nützen. Bei großer Hitze 1–2 Minuten kochen, bis sie braun werden.

Wenn sie nicht bräunen, aber Flüssigkeit verlieren, ist das ein Zeichen, daß sie entweder eingefroren waren oder die Hitze zu niedrig war. In ein Sieb geben und die Flüssigkeit abgießen. Den Wok wieder stark erhitzen, Garnelen oder Shrimps dazugeben und bräunen. Die Pfanne vom Herd nehmen und die Garnelen oder Shrimps mit Salz, Pfeffer oder Muskatnuß abschmecken. Sie sollten sehr kräftig gewürzt werden, da sie milder schmecken, wenn sie kalt sind. In einen Tontopf oder in Auflaufförmchen geben und rund 2 Stunden in den Kühlschrank stellen, damit sich die Butter setzen kann. An einem gehetzten Tag oder an einem Winterabend sind die Shrimps auch heiß sehr köstlich.

Heiß oder kalt mit Zitronenspalten anrichten und krustigem Vollkornbrot oder Vollkorntoast servieren.

In Kürze

1 Garnelen in der Küchenmaschine grob hacken. Kleine Shrimps ganz lassen. Garnelen bzw. Shrimps in einer Schüssel mit Muskatnuß, einer Prise Cayenne, Salz und reichlich Pfeffer vermengen.

2 Butter im Wok erhitzen und 20–30 Sekunden kochen, bis sie hellbraun ist.

3 Inzwischen Enden der Zitrone abschneiden und in 8 Spalten teilen.

4 In die flüssige Butter Shrimps bzw. Garnelen geben und unter ständigem Rühren braten, bis sie braun werden.

5 Vom Herd nehmen und abschmecken. Sie sollten sehr würzig sein. In einen Tontopf oder in Auflaufförmchen geben.

6 Die Shrimps können heiß oder nach ca. 2 Stunden Kühlzeit serviert werden. Mit den Zitronenspalten und Vollkornbrot oder Toast anrichten.

Lachscarpacchio

Vorbereitung: 10 Minuten
Marinieren: 15–30 Minuten
im Kühlschrank

4 Portionen als Vorspeise
oder 2 Portionen als
Hauptgericht

500 g Lachsfilet mit Haut
2 Zitronen
4 EL Olivenöl
1 kleiner Bund Schnittlauch
2 EL Kapern
3–4 Zweige glatte Petersilie
Salz und frisch gemahlener
schwarzer Pfeffer

Ursprünglich bezeichnete der italienische Begriff carpacchio *mariniertes rohes Rinderfilet. Heute umfaßt er auch fettreiche, rohe Fische, wie Lachs und Thunfisch, mit allen Varianten der Garnierung. Welche Hauptzutat auch verwendet wird, ich tendiere zu den italienischen Geschmacksrichtungen – Olivenöl, Kapern, gehackte, glatte Petersilie und vielleicht ein wenig Schnittlauch. Sehr wichtig ist der Zitronensaft, denn seine Säure hellt den rohen Fisch auf und »kocht« ihn leicht. Wenige Minuten des Marinierens reichen bereits, um den Lachsgeschmack zu unterstreichen.*
Natürlich sollte der Fisch sehr frisch sein und süßlich riechen. In einem guten Fischgeschäft werden die Gräten, die zur Mitte des Filets laufen, entfernt – es ist mühsam, es selbst zu tun.

Vier große Servierteller vorbereiten.
Mit den Fingern vom Kopf bis zum Schwanz über die Schnittfläche des Lachses streichen. Wenn Sie in der Mitte des Fisches eine Gräte spüren, ziehen Sie diese mit einer Pinzette heraus oder benutzen Sie den Daumen und ein kleines Messer dafür.
Den Lachs aufschneiden: vom Körper weg in Schwanzrichtung mit einem sehr scharfen Messer arbeiten. So dünn wie möglich quer schneiden und die Haut weglassen. Mit sägenden Bewegungen mit dem Messer parallel zum Schneidbrett arbeiten. Beim ersten Mal werden vielleicht keine hauchdünnen Scheiben gelingen, doch der Lachs wird trotzdem gut schmecken. Die Scheiben auf die Teller verteilen.
Zitronen halbieren und über jeden Teller den Saft einer halben Zitrone gießen. So schnell wie möglich die Teller mit Olivenöl beträufeln. Dann mit einem Küchenpinsel Zitronensaft und Öl verteilen, und die Lachsscheiben damit bestreichen.
Den Schnittlauch mit einer Schere schneiden und auf die Fischscheiben streuen. Kapern in einem kleinen Sieb abtropfen lassen, ein wenig trockenschütteln und über den Fisch geben. Petersilie von den Stielen zupfen, hacken und über den Fisch streuen. Zuletzt den Fisch leicht salzen und kräftig mit frisch geriebenem schwarzen Pfeffer würzen. Die Ausgewogenheit der Gewürze für ein Carpacchio hängt sehr von Ihnen ab. Einige Köche nehmen gerne ein fruchtiges Öl, andere mehr Zitronensaft und viel Pfeffer; das Resultat hängt also sehr von den persönlichen Vorlieben ab.
Die Teller mit Folie überziehen und zum Marinieren 15–30 Minuten kühl stellen. Nicht länger kühlen, da der Fisch sonst nicht mehr frisch schmeckt.

In Kürze

1 Alle Gräten aus dem Filet entfernen und so dünn wie möglich quer in Scheiben schneiden. Die Haut weglassen. Scheiben auf vier große Teller legen.

2 Zitronen halbieren und jeden Teller mit Zitronensaft begießen und mit Olivenöl beträufeln. Dann den Lachs damit bestreichen.

3 Schnittlauch mit einer Schere schneiden und auf den Fisch streuen. Kapern abtropfen und trockenschütteln, über den Fisch geben. Petersilblätter hacken und darüberstreuen. Zuletzt salzen und pfeffern.

4 Mit Folie bedecken und 15–30 Minuten kühlen.

Rillettes aus geräuchertem Lachs

Vorbereitung: 9 Minuten
Kühlen: bis zu 2 Stunden
Lagerung: bis zu 2 Tage im Kühlschrank

4 Portionen

Traditionellerweise sind Rillettes *eine Art grobe, französische Pâté. Sie verlangen nach einem kräftigen Fleisch wie von einer Ente oder einem Schwein, das ganz weich gekocht wird, bis es sich leicht vom Knochen löst, und dann püriert wird.* Rillettes *sind für mich in praktisch jeder Zubereitungsart ein wahres Festmahl. Zum Glück für meinen Cholesterinspiegel haben Köche begonnen, leichtere Varianten mit üblicherweise gesalzenem oder geräuchertem Fisch zu entwickeln.*

Rillettes *aus Räucherlachs müssen nicht sehr teuer sein. Kleine Beine machen große Schritte, deshalb handelt es sich hier auch um ein gutes Rezept für eine Einladung, da man die Mengen beliebig verdoppeln oder verdreifachen kann. Wenn Ihr Fischhändler selbstgeräucherten Lachs anbietet, hat er vielleicht günstigere Reste. Ich schlage vor, den geräucherten mit frischem Lachs zu kombinieren – das ist billiger, und die* Rillettes *werden milder und leichter.*

Rillettes *sind deftig, deshalb sind Brot oder Toast als Beilage unerläßlich. Ich bevorzuge geröstete Brotscheiben oder dünn geschnittenes, dunkles Vollkornbrot.*

125 g Lachsfilet, ohne Haut und Gräten
125 g geräucherter Lachs, in Scheiben oder im Stück
125 g ungesalzene Butter
1 Zitrone
Cayennepfeffer
¼ TL frisch geriebene Muskatnuß
frisch gemahlener schwarzer Pfeffer

Küchenmaschine mit Rührhaken
4 Auflaufförmchen

15 g Butter mit 3 Eßlöffel Wasser bei mittlerer Hitze in eine Bratpfanne geben. Mit einem scharfen Messer das Lachsfilet längs in zwei dünnere Filets teilen – so kochen sie schneller. Lachs und Räucherlachs in der Pfanne mit Butter und Wasser bedecken. Zudecken und 3–4 Minuten schwach kochen, bis sich beide Lachsvarianten leicht zerteilen lassen. Sie können einige Minuten einsparen, wenn Sie den Fisch in der Mikrowelle kochen.

Die übrige Butter in der Küchenmaschine mit dem Rührhaken cremig rühren. Wenn die Butter noch hart aus dem Kühlschrank kommt, in der Mikrowelle ein wenig erweichen. Inzwischen 4 Zitronenscheiben abschneiden und den Rest auspressen.

Lachs trocknen und zur Butter geben. Es ist kein Problem, wenn die Butter durch den heißen Lachs schmilzt, sie wird sich später setzen, wenn die Rillettes gekühlt werden. In den Mixer geben, eine Prise Cayennepfeffer, Muskatnuß und schwarzen Pfeffer hinzufügen. (Um eine Prise abzumessen, einfach die Spitze eines kleinen Messers in den Cayennepfeffer stecken.) Den Saft einer halben Zitrone hineinpressen. Mit dem Mixer auf niedriger Stufe 2–3 Minuten rühren. Dadurch kommt es zu der charakteristischen groben Beschaffenheit der Rillettes.

Abschmecken, wenn nötig, nachwürzen. Da der Lachs salzig ist, brauchen Sie wahrscheinlich nicht zusätzlich salzen. In eine Schüssel geben, abdecken und ca. 2 Stunden kühl stellen. Die Butter wird abkühlen und sich leicht setzen. Bei längerer Kühlung werden die Rillettes fest. Wenn sie über Nacht aufbewahrt werden sollen, vor dem Servieren auf Zimmertemperatur bringen und umrühren.

Die Rillettes in Auflaufförmchen oder kleine Schalen füllen, die Oberfläche mit einer Gabel aufrauhen. Mit einer Zitronenscheibe garnieren und Brot oder Toast dazu reichen.

In Kürze

1 Geben Sie 15 g Butter mit 3 EL Wasser bei mittlerer Hitze in eine Bratpfanne. Das Lachsfilet längs halbieren. Lachs und Räucherlachs in die Pfanne geben. Zudecken und 3–4 Minuten schwach kochen, bis der Lachs leicht zerfällt.

2 Butter in einem Mixer mit einem Rührhaken cremig schlagen. Inzwischen 4 Zitronenscheiben aufschneiden und den Rest aufbewahren.

3 Gekochten Lachs trocknen und zur Butter geben. Während des Mixens Cayennepfeffer, Muskatnuß und schwarzen Pfeffer dazugeben. Saft der halben Zitronen dazugießen.

4 Mixen Sie den Lachs 2–3 Minuten, damit ein grobes Püree entsteht. Abschmecken, zudecken und ca. 2 Stunden kühlen.

5 In Auflaufförmchen oder Schälchen servieren, mit Zitronenscheibe garnieren. Brot oder Toast dazu reichen.

Rillettes aus geräucherten Makrelen

Geräucherte Makrelen können zwar sehr fett sein, ergeben jedoch ausgezeichnete Rillettes, wenn sie mit viel Zitronensaft gewürzt werden. In dem obigen Rezept nehmen Sie statt dem geräucherten und dem frischen Lachs 375 g geräuchertes Makrelenfilet. Wenn sie schon gepfeffert sind, um so besser. Die Makrele ist schon gekocht, doch um sie weicher zu machen, mit der Hautseite nach oben 2 Minuten in Butter und Wasser kochen, wie es in dem Lachsrezept beschrieben wurde. Trocknen, dann das Makrelenfleisch zerteilen, die Haut abziehen und vorsichtig alle Gräten entfernen. Wie beschrieben fortfahren und die Rillettes großzügig mit Muskatnuß und Zitronensaft abschmecken.

Melonensalat mit Balsamessig

Vorbereitung: 6 Minuten
Kühlen: 20 Minuten bis 2 Stunden

4 Portionen

Eine schöne reife Melone schmeckt am besten ohne irgendwelche Zutaten, und die Idee für einen Melonensalat mit reifen Himbeeren ist so einfach, daß ich diese Zubereitungsform eigentlich gar nicht als Rezept bezeichnen würde. Sie werden sehen, der Beigeschmack des Balsamessigs verstärkt das süße Aroma der Früchte sogar noch. Je besser der Essig, desto abgerundeter das Fruchtaroma. Damit ist so wenig Arbeit verbunden, daß Sie den Melonensalat ruhig für beliebig viele Gäste zubereiten können. Eine reife Melone zu finden wurde durch die Kühltransporte erschwert, die den entscheidenden Faktor unterdrücken – den Geruch. Den angenehmen Duft einer frisch geernteten reifen Melone erkennt man schon von weitem, wie auch jeden Anflug von Überreife oder Fäule. Nachdem uns das Aroma wenig sagt, richten wir uns am besten nach dem Stiel. Er sollte kräftig und nicht zu verdorrt sein. Das Blütenende sollte eher ein großes als ein schmales rundes Mal zeigen. Weibliche Melonen haben ein großes Mal und sind saftiger. Vergessen Sie nicht, die Melone rund um das Mal zu pressen. Es sollte nur ein wenig nachgeben. Durch das Pressen kann die Melone eine Delle bekommen, machen Sie es deshalb nicht gerade am Obststand!

2 kleine reife Melonen, je ca. 500 g
5 EL Balsamessig
4 TL Zucker oder je nach Belieben mehr
250 g Himbeeren

Essig und Zucker in einer Schale vermischen.

Himbeeren putzen und nur waschen, wenn sie staubig sind. Zum Essig geben, sanft rühren und einige Minuten einweichen lassen. Der Essig zieht selbst in dieser kurzen Zeit den Saft aus den Himbeeren.

Eine dünne Scheibe oben und unten von jeder Melone abschneiden, so daß die Melone an beiden Enden flach aufsitzt. Dann die Melonen in der Mitte durchschneiden. Die Kerne mit einem Löffel herauskratzen.

Die Himbeeren und den Saft in die Melonenhälften geben, locker mit einer Folie bedecken und 20 Minuten bis 2 Stunden kühl stellen.

In Kürze

1 Essig und Zucker in einer Schüssel mischen. Himbeeren putzen, in die Schüssel geben und umrühren.

2 Enden der Melone abschneiden, damit sie einen guten Stand hat, halbieren und die Kerne herauskratzen.

3 Mit Himbeeren und Saft füllen, locker mit einer Folie bedecken und 20 Minuten kühl stellen.

Die Hauptsache

Wenn ich ein Menü plane, wähle ich zuerst einmal die »Hauptsache« aus. Darunter verstehe ich jene Gerichte, die meist nur eine einfache Beilage wie Nudeln, Reis, gekochte Kartoffeln, Brot oder einen grünen Salat voraussetzen. Ein halbes Dutzend Gerichte in diesem Kapitel, wie Hähnchentajine mit Auberginen oder Bretonische Fischsuppe, sind vollständige Mahlzeiten. Welche Herausforderung für nur 15 Minuten Arbeit!

Fisch ist für mich oft die erste Wahl, da er nur eine kurze Kochzeit verlangt und selbst bei einfacher Zubereitung gut schmeckt. Qualität und Geschmack sprechen für sich. Hier führe ich ein halbes Dutzend Zubereitungsmöglichkeiten für verschiedene Fischarten an, und Sie werden weitere in dem Kapitel »*In 15 Minuten auf dem Tisch*« finden. Der Fisch selbst ist weniger wichtig als seine Qualität. Fleischig wie Lachs, zart und fein wie Seezunge oder kräftig wie Thunfisch – der Name ist nicht so wichtig, nur die Frische zählt!

Bei den Hähnchenrezepten können Sie unter Hähnchenfilets, kurzgebratenen Hähnchenflügeln und sogar einem ganzen Hähnchen in der Salzkruste wählen – ein echtes Kochvergnügen, obwohl es länger braten muß. Neben einem Steak ist Fleisch in 15 Minuten eine weitere Herausforderung, doch gebackener Schinken mit Äpfeln und Sahne braucht keine langen Vorbereitungen, wie auch gebratenes Schweinekarree mit Kartoffeln auf Bäckerart.

Dieses Kapitel bietet einige Anregungen für Hauptgerichte. Wenn Sie in Eile sind, wechseln Sie zu Gerichten aus dem Kapitel »*In 15 Minuten auf dem Tisch*«, wie dem würzigen indonesischen Pfannengericht. Sie finden dort auch einige gehaltvolle vegetarische Nudelrezepte. Wenn Sie etwas weniger Schweres suchen, werden Sie sicher in den Kapiteln »*Flotte Salate*« oder »*Leicht und Locker*« fündig, in denen auch meine Lieblingsrezepte, wie Chicoréesalat mit Ziegenkäse auf Toast oder Frittata mit Eiertomaten und Oregano, beschrieben sind. Also dann, ans Werk!

Links: Hähnchenflügel mit Sahnetomaten *siehe Seite 24*

Siehe Umschlagfoto

Hähnchenflügel mit Sahnetomaten

Vorbereitung: 11 Minuten
Backzeit: 15–20 Minuten

4 Portionen

12–16 Hähnchenflügel, ca. 1,4 kg
250 ml Joghurt
1 TL Salz
½ TL Pfeffer

Für die gebackenen Tomaten:
2 große Fleischtomaten
1 EL Olivenöl
1 Zwiebel
125 ml Sahne
Salz und Pfeffer

Da wir unsere Arbeitszeit auf 15 Minuten beschränken, können wir die Hähnchenflügel nicht marinieren, doch Sie werden sehen, daß es Wunder wirkt, wenn man sie, wie im Nahen Osten, kurz mit Joghurt überzieht. Joghurt bewahrt nicht nur das Aroma, sondern sorgt auch noch für eine schöne goldbraune Farbe. Fleischtomaten, gebraten und mit Sahne verrührt, sind eine köstliche Beilage.

Den Backofen 5–10 Minuten vor Beginn der Zubereitung auf 260 Grad/Gas Stufe 7 vorheizen oder, wenn nicht möglich, die höchstmögliche Stufe wählen. Ein Backblech mit Folie auslegen.
Joghurt, Salz und Pfeffer in eine große Schüssel geben. Hähnchenflügel hinzufügen und mit den Händen vermischen, damit sie gut von allen Seiten bedeckt sind. Mit der Schnittstelle nach oben auf das Backblech legen und die übrige Marinade darüberlöffeln.
Im vorgeheizten Ofen backen, während die Tomaten vorbereitet werden.
In einer kleinen Bratpfanne das Öl leicht erhitzen. Zwiebel schälen, ein wenig von der Wurzel daran lassen, damit sie zusammenhält. Der Länge nach halbieren und mit der Schnittfläche auf ein Schneidbrett legen. Dünnblättrig vom Stiel zur Wurzel schneiden.
Die Zwiebel mit Salz und Pfeffer in das Öl geben, umrühren und garen lassen.
Tomaten mit einem kleinen Messer ausschneiden und halbieren. Salzen und pfeffern.
Die Zwiebel stark erhitzen, auf eine Seite schieben und Tomaten mit den Schnittflächen nach unten dazugeben – sie sollten brutzeln und rauchen, ein Zeichen dafür, daß sie sofort braun werden. Bei zu geringer Hitze werden sie leicht lapprig. Bei mittlerer Hitze 2–3 Minuten braten lassen.
Hähnchenflügel wenden und 20 Minuten weiterbacken, bis sie braun und sehr weich sind. Die Gelenke sollten auf Druck leicht nachgeben.
Die Tomaten umdrehen und 2 Minuten weiterbraten. Sahne mit der Zwiebel an der einen Pfannenseite verrühren und über den Boden der Pfanne verteilen. Die Mischung aufkochen lassen, bis sich eine leicht karamelisierte Sauce ergibt. Deckel auf die Pfanne geben, Tomaten warm stellen.
Wenn die Hähnchenflügel gar sind, Tomaten auf dem Herd erhitzen. Alles auf eine Vorlegeplatte oder auf einzelne Teller legen.

In Kürze

1 Backofen 10 Minuten vor Beginn auf 260 Grad /Gas Stufe 7 bzw. Höchststufe vorheizen – Backblech mit Alufolie auslegen.

2 Joghurt, Salz und Pfeffer in eine Schüssel geben, Hähnchen dazugeben, gut mischen.

3 Auf Backblech legen, die Schnittstellen nach oben. Backen, inzwischen Tomaten vorbereiten.

4 Öl langsam in der Pfanne heiß werden lassen. Zwiebel schälen und klein schneiden, mit Salz und Pfeffer zum Öl geben, sautieren.

5 Tomaten entkernen und halbieren. Schnittflächen würzen. Stärker erhitzen und Tomaten mit der Schnittfläche nach unten hinzugeben. 2–3 Minuten bei geringer Hitze braten.

6 Tomaten wenden und 2 Minuten weiterbraten. Sahne unter die Zwiebel rühren, aufkochen, bis sie leicht verdickt. Abdecken, zur Seite stellen.

7 Hähnchenflügel wenden, 15–20 Minuten weitergaren, bis sie braun und sehr weich sind.

8 Hähnchenflügel mit den Tomaten und der Sauce auf eine Vorlegeplatte oder auf einzelne Teller legen.

Hähnchen in Salzkruste

Vorbereitung: 5 Minuten
Backen: 1¼ –1½ Stunden
Lagerung: bis zu 3 Tagen im Kühlschrank

3–4 Portionen

Dies ist meines Wissens das einzige Rezept, das nur nach zwei Zutaten verlangt – Hähnchen und grobes Salz. Das Hähnchen wird vollständig mit Salz bedeckt, fast als wäre es ganz in Schnee eingepackt, und gebacken.

Sie werden erstaunt sein, wie saftig und kräftig es schmeckt, ähnlich meinem geliebten Entenconfit. Ich bevorzuge eher Speisesalz als Meersalz, weil es milder und nicht so teuer ist wie Spezialsalzarten wie Maldon oder Guérlande, die als Tafelsalze eingeführt sind.

Das gebackene Hähnchen kann für mehrere Tage kühl gelagert werden, doch denken Sie daran, daß der Salzgeschmack immer intensiver wird. Wenn es zu salzig ist, benutzen Sie das Hähnchen wie Schinken, um andere Zutaten zu aromatisieren – ein Omelett vielleicht oder etwa geschmortes Gemüse.

Für dieses Rezept ist die Größe des Topfes wichtig – er sollte so groß sein, daß das Hähnchen nicht die Seiten berührt. Wenn er jedoch größer ist, werden Sie mehr Salz brauchen. Während der Backzeit können Sie leicht eine Beilage aus Gemüse zubereiten, wie eine Provenzalische Trilogie aus Auberginen, Tomaten und Zucchini (siehe Seite 103) oder einfache Petersilienkartoffel.

1 bratfertiges Hähnchen (ungefähr 1,8 kg)
2,75 kg Meersalz

tiefe hitzefeste Kasserolle
Fleischthermometer

Den Backofen 5–10 Minuten vor Beginn auf 260 Grad/Gas Stufe 7 aufheizen oder, wenn das nicht möglich ist, die höchstmögliche Einstellung wählen.

Ein Küchengarn mehrmals um das Hähnchen wickeln, damit es in der Form kompakt bleibt und gleichmäßig gart. Das schützt auch davor, daß zuviel Salz in das Innere kommt. Den Boden einer tiefen hitzefesten Kasserolle mit einer 2 cm hohen Salzschicht bedecken. Das Hähnchen daraufsetzen und das übrige Salz darüberstreuen. Mehr Salz verwenden, wenn nötig, damit das Hähnchen vollständig mit einer 2 cm dicken Schicht bedeckt ist. Salz nur vor dem Backen auf das Hähnchen geben, sonst läuft der Fleischsaft aus, und das Hähnchen trocknet eher aus, als daß es braun wird. Ein gefrorenes Hähnchen wird während des Kochens viel Flüssigkeit verlieren, doch das hat keine Bedeutung.

Die Kasserolle zudecken und das Hähnchen im vorgeheizten Ofen 1¼–1½ Stunden backen. Ein Fleischthermometer durch die Salzkruste an der dicksten Stelle der Hähnchenkeule stecken. Es sollte am Ende 75 Grad anzeigen. Wenn nicht, 10–15 Minuten weiterkochen und dann erneut probieren.

Das Hähnchen aus der Kasserolle heben, schütteln, damit das Salz abfällt. Mit Küchenkrepp das restliche Salz abreiben. Hähnchen auf eine Servierplatte legen und am Tisch zerteilen.

In Kürze

1 Backofen 5–10 Minuten vor Beginn auf 260 Grad/Gas Stufe 7 vorheizen oder wenn nicht möglich, die höchstmögliche Einstellung verwenden.

2 Hähnchen mit Küchengarn in Form binden.

3 Eine 2 cm hohe Lage Salz in einer feuerfesten, tiefen Kasserolle ausbreiten. Hähnchen daraufsetzen und übriges Salz darüberstreuen, damit sich eine 2 cm dicke Schicht bildet. Zudecken.

4 Das Hähnchen 1¼–1½ Stunden backen. Fleischthermometer durch die Kruste in die dickste Stelle der Keule stecken. Es sollte 75 Grad anzeigen. Wenn nicht, 10–15 Minuten weiterkochen und erneut probieren.

5 Hähnchen auf Servierplatte anrichten und am Tisch zerteilen.

Hähnchen in Chili-Kokosnuß-Sauce

Vorbereitung: 9 Minuten
Braten: 40–50 Minuten
Lagerung: 2 Tage im Kühlschrank

4 Portionen

- 1 bratfertiges Hähnchen, ungefähr 1,8 kg, in 8 Stücke zerteilt
- 3 Schalotten
- 2 Knoblauchzehen
- 2 Halme frisches Zitronengras
- 8 Macadamianüsse oder 16 blanchierte Mandeln
- 2 TL Kurkuma (Gelbwurz)
- 2 TL geriebener Koriander
- 1 TL geriebener, getrockneter scharfer Chili nach Belieben
- 5 EL Erdnuß- oder Pflanzenöl
- 500 ml Kokosnußmilch aus der Dose

Küchenmaschine

Sie können jeden Teil des Hähnchens bei diesem indonesischen Rezept verwenden: Brüste, Keulen, Flügel oder das ganze Hähnchen in 8 Teilen, wie ich es hier vorschlage. Die Sauce gibt dem Hähnchen einen köstlichen und kräftigen Geschmack – sie ist ziemlich scharf, nehmen Sie nach Belieben weniger Chili. Zitronengras ist jetzt schon leichter erhältlich, doch können Sie auch feingeriebene Zitronenschale verwenden. Dieses Rezept läßt sich leicht in größeren Mengen zubereiten, und gekochter Reis ist die richtige Beilage dazu.

Das Backrohr 5 Minuten vor Beginn bei 190 Grad/Gas Stufe 3 vorheizen.

Schalotten schälen und in 2–3 Stücke schneiden. Die Knoblauchzehen leicht drücken, damit sich die Schale löst, und die Haut abziehen. Das Zitronengras putzen, die äußeren Blätter entfernen und die Halme in 2–3 Stücke schneiden.

Schalotten, Knoblauch, Zitronengras, Nüsse, Kurkuma, Koriander, Chili und die Hälfte des Öls in eine Küchenmaschine geben und zu einem Püree verarbeiten.

Das restliche Öl in einer Stielpfanne oder einer feuerfesten Kasserolle erhitzen. Sie sollte so groß sein, daß alle Hähnchenteile am Boden aufliegen und ganz von der Sauce bedeckt sind.

Inzwischen die Dose Kokosnußmilch öffnen. Die pürierten Kräuter und Gewürze in das heiße Öl geben und unter ständigem Rühren 1–2 Minuten kochen. Dadurch wird das Aroma der Gewürze milder. Sie dürfen aber nicht braun werden.

Die Hähnchenteile mit der Hautseite nach unten dazugeben und 2–3 Minuten braten. Ein- oder zweimal wenden, damit sich die Gewürze gut verteilen. Sie werden durch die Kurkuma schön gelb.

Die Kokosnußmilch dazugeben und wieder erhitzen. Die Pfanne zudecken und die Hähnchenstücke im vorgeheizten Backrohr 40–50 Minuten braten, bis sie sehr zart sind und nicht mehr an der Gabel kleben bleiben, wenn man sie ansticht. Wenn Sie diesen Test schon einige Male durchgeführt haben, kennen Sie genau den Unterschied zwischen halbrohem und garem Fleisch.

Am Ende der Kochzeit sollte die Sauce dick und kräftig sein. Wenn sie zu stark reduziert wurde, hat sich vielleicht das Öl abgesetzt; in diesem Fall eine halbe Tasse warmes Wasser einrühren, damit sich das Öl wieder bindet. Die Sauce abschmecken.

Das Hähnchen in der Kasserolle oder auf einem Vorlegeteller servieren.

In Kürze

1 Backrohr 5 Minuten vor Beginn auf 190 Grad/Gas Stufe 3 vorheizen.

2 Schalotten schälen und in 2–3 Stücke teilen. Knoblauch schälen. Zitronengras putzen, die holzigen äußeren Blätter entfernen und in 2–3 Stücke schneiden.

3 Schalotten, Knoblauch, Zitronengras, Nüsse, Kurkuma, Koriander, Chili und die halbe Menge Öl in einer Küchenmaschine pürieren.

4 Das übrige Öl in einer Sautierpfanne oder einer feuerfesten Kasserolle erhitzen. Die Gewürz- und Gemüsemischung dazugeben und unter ständigem Rühren 1–2 Minuten kochen. Hähnchen dazugeben und 2–3 Minuten braten, öfters wenden.

5 Kokosnußmilch unterrühren und wieder erhitzen. Pfanne zudecken und die Hähnchenstücke im Backofen für 40–50 Minuten backen, bis sie zart sind, wenn man mit einer Gabel einsticht. Sauce abschmecken.

6 In der Kasserolle oder auf einem Vorlegeteller servieren.

Hähnchentajine mit Auberginen

Vorbereitung: 14 Minuten
Kochzeit: 1–1¼ Stunden
Lagerung: bis zu 2 Tagen im Kühlschrank

4 Portionen

Ich hatte noch nie ein ganzes Gericht in einem Tontopf zubereitet, bis ich eine malerische marokkanische Tajine *erstand, mit einem großen, konischen Deckel und dem Unterteil, der sich gut als Servierplatte eignet. Die Hitze verteilt sich darin gleichmäßig, und das wirkt Wunder bei der Mischung der verschiedenen Aromen. Ich bin bereits süchtig danach. Noch dazu bereiten sich* Tajine-Rezepte *fast von selbst zu, nachdem die Zutaten im Gefäß geschichtet sind. Die* Tajine *wird stets auf der Herdplatte verwendet (nur wenige marokkanische Haushalte haben einen Backofen – tatsächlich wird Brotteig täglich zum Bäcker im Ort gebracht und dort im Ofen gebacken). Wenn Sie keine* Tajine *haben, reicht auch eine kleine runde, feuerfeste Kasserolle – das Hühnerfleisch und die Auberginen sollten sie beinahe ausfüllen.*

Safran sorgt für einen glänzenden Farbton und für Aroma bei diesem Gericht – hier haben Sie Gelegenheit, Safranpulver anstelle der wesentlich teureren Safranfäden zu verwenden. Sie können auch eine andere Richtung einschlagen und anstelle des Safran gemahlenen Zimt verwenden, am besten 2 TL. Jedes Tajine-Gericht *ist leicht aufzuwärmen – einfach im Kochtopf kühl stellen und am Herd wieder erwärmen. Couscous oder gekochter Reis passen vorzüglich dazu.*

1 Hähnchen, ca. 1,8 kg, in 8 Teilen
2 Auberginen, mittelgroß, ungefähr 750 g
1 Knoblauchzehe
1 TL geriebener Ingwer
eine große Prise Safran
1 TL Salz oder nach Belieben mehr
4 EL Olivenöl
2 große Zwiebeln
1 Zitrone
frisch gemahlener schwarzer Pfeffer

Tajine oder kleine runde, feuerfeste Kasserolle mit ca. 22,5 cm Durchmesser

Den Grill 5 Minuten vor Beginn vorheizen.

Auberginen putzen, in 1,25 cm breite Scheiben schneiden. Auf einen Rost legen, salzen und pfeffern. In vielen Rezepten werden die Auberginen gesalzen, um den Saft herauszulassen, hier haben wir jedoch nicht die Zeit dafür, und nach meiner Erfahrung ist das beim Grillen nicht nötig.

Den Rost mit den Auberginenscheiben auf die höchste Einschubleiste geben, möglichst nahe bei den Grillstäben.

Inzwischen den Knoblauch mit der flachen Klinge leicht drücken, um die Schale zu lösen und sie zu entfernen. Die Zehe zerdrücken und dann mit der Klinge hacken. Knoblauch, Ingwer, Safran, Salz und Öl in einer kleinen Schüssel mischen.

Die Hähnchenstücke in eine Tajine oder Kasserolle geben – alle Stücke sollten den Boden berühren. Die Hälfte der Gewürzmischung darüberstreuen, zudecken und das Gefäß bei mittlerer Hitze auf den Herd stellen. Sie werden sehen, daß eine Tajine ihre Zeit braucht, um sich zu erhitzen, stellen Sie sie aus diesem Grund nicht direkt auf eine Gasflamme.

Achten Sie auf die Auberginen unter dem Grill; nach 5–6 Minuten wenden, sobald sie braun sind. Auf der anderen Seite die Aubergine ebenfalls 5–6 Minuten bräunen lassen. Je trockener sie werden, desto besser.

Zwiebeln schälen und ein wenig von der Wurzel daran lassen, damit sie beim Schneiden nicht auseinanderfallen. Der Länge nach halbieren und dünnblättrig schneiden.

Den Deckel heben und die Zwiebeln über das Hähnchen streuen. Obenauf die gebräunten Auberginen geben. Der Topf wird ziemlich voll sein, doch das Gemüse verliert an Volumen, wenn es kocht. Die restliche Gewürzmischung darüberleeren, zudecken und bei niedriger Hitze eine Stunde weiterkochen.

Eine Zitrone auspressen und den Saft beiseite stellen.

Das Hähnchen mit einer Gabel einstechen – das Fleisch sollte zart sein und sich leicht vom Knochen lösen. Die Kochzeit hängt sehr von der Hitze und der Dicke des Topfes ab und kann daher durchaus 15 oder sogar 30 Minuten über der hier angeführten Kochzeit liegen. Wenn das Hähnchen gar ist, die Stücke auf einen Teller geben. Das Gemüse wird zu einer köstlichen Masse zusammengekocht sein. Den Zitronensaft darüberleeren, gut umrühren und abschmecken. Das Hähnchen wieder auf das Gemüse legen und sehr heiß im Kochgeschirr servieren.

Hähnchentajine mit Auberginen

In Kürze

1 Grill 5 Minuten vor Beginn aufheizen.

2 Auberginen putzen, quer in 1,25 cm dicke Scheiben schneiden. Auf einen Backrost legen und mit Salz und Pfeffer bestreuen. Auf hoher Einschubleiste auf jeder Seite 5–6 Minuten grillen, bis sie braun und ziemlich trocken sind.

3 Inzwischen Knoblauch hacken und in einer Schüssel mit Ingwer, Safran, Salz und Öl vermengen.

4 Hähnchenstücke in eine Tajine oder eine Kasserolle geben und die halbe Gewürzmischung darüberleeren. Zudecken und bei mittlerer Hitze kochen.

5 Zwiebeln schälen und schneiden. Über das Hähnchen streuen und darauf die gebräunten Auberginen legen. Die restliche Gewürzmischung darüberleeren. Zudecken und bei niedriger Hitze 1 Stunde kochen. Zitrone auspressen und Saft beiseite stellen.

6 Hähnchen mit einer Gabel einstechen. Es sollte sehr zart sein. Wenn nicht, 15–30 Minuten weiterkochen. Stücke auf einen Teller geben. Zitronensaft über das Gemüse leeren, gut umrühren und abschmecken. Hähnchen wieder auf das Gemüse legen und servieren.

Höllisches Krabbensoufflé

Vorbereitung: 11 Minuten
Kühlen: bis zu 2 Stunden im Kühlschrank vor dem Backen
Backen: 20–25 Minuten

4 Portionen

Als wir in Washington D.C. lebten, bestand einer der großen Genüsse des Sommers in frisch geschältem Krabbenfleisch aus der Bucht von Chesapeake. Es war teuer, deshalb lernte ich, es mit diesem Soufflé zu strecken. Es basiert auf einem, an der Ostküste bekannten Rezept. Frisches Krabbenfleisch ist natürlich am besten (versuchen Sie, nicht pasteurisiertes Fleisch zu finden, es hat das beste Aroma), aber gutes Krabbenfleisch aus der Dose ist auch nicht zu verachten.
Für einen nachhaltigen Eindruck wird das Soufflé in einer großen Form gebacken. Wenn Sie sehr in Eile sind, schlage ich statt dessen einzelne Auflaufförmchen vor. Dann dauert das Backen höchstens 10–12 Minuten. Es ist ein Aberglaube, daß ein Soufflé sofort gebacken werden muß, nachdem der Eischnee untergerührt wurde. Eine solche Mischung, verdickt mit Mehl, kann bis zu 2 Stunden vor dem Backen im Kühlschrank aufbewahrt werden. Einmal im Rohr, ist der Countdown zum Servieren genauso exakt wie bei einem Satellitenstart – bleibt gerade noch Zeit für das Dressing für einen grünen Salat als Beilage!

Den Backofen 5 Minuten vor Beginn auf 190 Grad/Gas Stufe 3 vorheizen. Das Backblech auf eine untere Einschubleiste geben.
Die Souffléform mit Butter ausstreichen, auch die Ränder einfetten, damit das Soufflé ungehindert steigen kann.
Eine helle Sauce zubereiten: Butter in einer mittelgroßen Saucenpfanne zerlassen, mit dem Schneebesen Mehl unterrühren und schaumig schlagen. Sahne dazugeben und unter ständigem Rühren erhitzen, bis die Sauce kocht und eindickt. Ziehen lassen und 30 Sekunden weiterrühren, bis das Mehl durchgekocht ist. Pfanne vom Herd nehmen, Senf, Worcestershire-Sauce, Tabasco, Salz und Pfeffer unterrühren und die Sauce beiseite stellen.
Eier trennen: Eigelbe in die Sauce und Eiweiße in eine Rührschüssel geben. Die restlichen drei Eiweiße mit einer Prise Salz dazugeben und mit dem Mixer auf mittlerer Stufe schlagen, bis der Schnee steif wird.

375 g Krabbenfleisch
30 g Butter
15 g Mehl
250 ml Sahne
1 TL trockener Senf oder nach Belieben mehr
4 EL Worcestershire-Sauce oder nach Belieben mehr
2 TL Tabasco oder nach Belieben mehr
Salz und Pfeffer
2 Eier
3 Eiweiße

Souffléform von 1,5 l oder 4 Auflaufförmchen
Mixer

Inzwischen die Eigelbe unter die Sauce rühren – durch die Hitze der Sauce werden sie leicht eindicken. Mit den Fingern das Krabbenfleisch zerpflücken und in die Sauce geben. Alle Schalen entfernen. Umrühren und mit Tabasco, Salz und Pfeffer abschmecken. Die Mischung sollte stärker gewürzt sein, um den Eischnee aufzufangen.

Nun sollten die Eiweiße steif geschlagen sein. Zuerst nur ein Viertel davon in die Krabbenfleischmischung geben und vorsichtig unterziehen. Die Masse wird dadurch flaumiger und kann leichter eingerührt werden. Die Masse zum Eischnee geben und so vorsichtig wie möglich unterziehen. Das ist das Geheimnis eines flaumigen Soufflés. Es ist kein großes Problem, wenn die Masse ein wenig zusammenfällt: das Soufflé wird weniger aufgehen, doch noch immer köstlich schmecken. Wenn Sie das Soufflé zum ersten Mal machen, lassen Sie einfach die Eiweiße weg und backen die Krabbenmasse in Auflaufförmchen.

Die Masse nun in die Souffléform geben. Sie sollte nur bis 1 cm unter dem Rand reichen. Die Oberfläche mit einem Spachtel glattstreichen und mit dem Daumen über den Rand der Form fahren. Das Soufflé wird dadurch besser aufgehen. Ab diesem Zeitpunkt können Sie das Soufflé bis zu 2 Stunden im Kühlschrank aufbewahren.

Die Form auf ein Backblech stellen und im vorgeheizten Rohr 20–25 Minuten backen, bis das Soufflé aufgegangen und braun ist. Wenn Sie an der Form leicht rütteln, sollte die Masse am Rand fest und in der Mitte noch leicht wabbelig sein.

Kündigen Sie Ihren Gästen an, daß nun gleich serviert wird. Stellen Sie das Soufflé auf einen großen Teller, der mit einer Serviette bedeckt ist, damit die Form nicht rutschen kann, und tragen Sie es sofort zu Tisch. Nehmen Sie zum Servieren zwei Löffel und stechen Sie in der Mitte ein, damit jeder etwas von der braunen Außenseite und der weicheren Mitte bekommt.

In Kürze

1 Backofen 5 Minuten vor Beginn auf 190 Grad/Gas Stufe 3 vorheizen und Backblech auf niedriger Stufe einschieben. Souffléform mit Butter ausstreichen.

2 Weiße Sauce mit Butter, Mehl und Sahne zubereiten. 30 Sekunden sieden lassen. Vom Herd nehmen und Senf, Worcestershire-Sauce, Tabasco, Salz und Pfeffer unterrühren. Sauce zur Seite stellen.

3 Eier trennen und Eigelbe unter die Masse rühren. Mit einer Prise Salz Eiweiße mit Mixer steif schlagen.

4 Inzwischen Krabbenfleisch zerpflücken, in die weiße Sauce rühren und kräftig abschmecken.

5 Ungefähr ein Viertel Eischnee unter die Krabbenmasse heben. Diese Masse sehr vorsichtig unter den Eischnee ziehen.

6 Masse in die Souffléform geben, Oberfläche mit einem Spachtel glattstreichen und den Rand mit dem Daumen abfahren.

7 Soufflé im vorgeheizten Ofen 20–25 Minuten backen, bis es aufgegangen und braun ist. Beim Rütteln sollte sich die Mitte noch leicht bewegen.

8 Auf einer Platte, die mit einer Serviette bedeckt ist, zu Tisch bringen und sofort servieren.

Bretonische Fischsuppe

Vorbereitung: 13 Minuten
Dünsten: 6–8 Minuten

4 Portionen

500 g Kabeljaufilet
12 gewaschene Miesmuscheln
500 g rote Kartoffeln
500 ml Sahne
500 ml Milch
250 ml Muschelsaft aus der Flasche
1 Lorbeerblatt
30 g Butter
2 Zwiebeln
Salz und frisch gemahlener schwarzer Pfeffer

Die Urform der englischen Fischsuppe ist die Chaudrée, *die Variante der bretonischen Fischer, die nicht verkaufte oder beschädigte Fische mit Milch und Kartoffeln aufkochten und für den Geschmack eine Handvoll Muscheln dazugaben. Sie finden diese Suppe heute noch in den kleinen Häfen entlang der britischen Küste. Ich verwende gerne den traditionellen Kabeljau, Sie können aber auch einen anderen kräftigen weißen Fisch oder sogar Jakobsmuscheln nehmen. Für eine komplette Mahlzeit geben Sie noch Croûtons dazu, die mit Butter bestrichen und im Backofen gebräunt wurden.*

Etwa 5 Minuten vor Beginn einen Topf mit gesalzenem Wasser erhitzen und zum Kochen bringen. Kartoffeln waschen und mit der Schale in 1,25 cm große Würfel schneiden.
Wenn das Wasser kocht, die Kartoffelwürfel hinzugeben, zudecken und aufkochen lassen. 8–10 Minuten köcheln lassen, durch Einstechen mit der Gabel feststellen, ob sie weich sind. Da Kartoffeln und alle Wurzelgemüse in Wasser schneller kochen als in Milch, verkürzt das die Kochzeit.
Sahne, Milch, Muschelsaft und Lorbeer in einem anderen Topf bei niedriger Hitze erwärmen. Butter in einem großen Topf bei niedriger Hitze zergehen lassen.
Inzwischen die Zwiebeln schälen, ein wenig von der Wurzel daran lassen. In Längsrichtung halbieren und mit den Schnittflächen auf ein Schneidbrett legen. Vom Stiel bis zu den Wurzeln dünnblättrig schneiden. Die Zwiebeln in die Butter rühren und bei niedriger Hitze dünsten.
Den Fisch mit kaltem Wasser waschen und mit Küchenkrepp trocknen. In 2,5 cm große Würfel schneiden. Die Miesmuscheln – sofern sie gesäubert werden müssen – mit einer Drahtbürste unter fließendem kalten Wasser schrubben, damit alle Algenreste entfernt werden, und die Fäden mit einem Messer abschneiden. Alle Muscheln, die sich nicht schließen, wenn man sie leicht antippt, wegwerfen – sie dürften bereits tot sein.
Wenn die Kartoffeln weich sind, abgießen und mit ein wenig Pfeffer zu den Zwiebeln geben. Salzen ist nicht nötig, da der Muschelsaft und die Muscheln schon salzig sind. Die heiße Milchmischung unter die Kartoffeln rühren und gerade zum Kochen bringen. Kosten und abschmecken, wenn nötig. 2 Minuten leicht köchelnd ziehen lassen, damit sich das Aroma gut verteilt. Nicht zugedecken!
Das Fischfilet in die Suppe geben und umrühren. Obenauf die Muscheln geben. Zudecken und 6–8 Minuten köcheln lassen, bis sich die Muscheln öffnen und das Filet leicht zerfällt. Das Lorbeerblatt entfernen. Kosten und gegebenenfalls abschmecken. Sofort servieren und nach Belieben die Suppe über Croûtons gießen.

In Kürze

1 Einen mittelgroßen Topf mit gesalzenem Wasser 5 Minuten vor Beginn zugedeckt zum Kochen bringen.

2 Kartoffeln waschen und mitsamt der Schale 1,25 cm dick würfelig schneiden. In kochendes Wasser geben und 8–10 Minuten köcheln lassen, bis sie gerade bißfest sind.

3 Inzwischen Milch, Sahne, Muschelsaft und Lorbeer in einem anderen Topf sanft erhitzen.

4 Butter in einem großen Topf zergehen lassen. Zwiebeln schälen und schneiden, in die Butter rühren und bei mittlerer Hitze glasig werden lassen.

5 Fischfilets waschen und trocknen. In 2,5 cm dicke Würfel schneiden. Falls nötig, Muscheln unter fließendem kalten Wasser säubern.

6 Kartoffeln abgießen und in den Topf geben. Die heiße Milchmischung darunterrühren und abschmecken. 2 Minuten köcheln lassen.

7 Fischfilet darunterrühren, obenauf Muscheln geben, zudecken und 6–8 Minuten köcheln lassen, bis sich die Muscheln öffnen und der Fisch leicht zerfällt. Lorbeer entfernen und abschmecken.

8 Sofort servieren.

Gebackene Jakobsmuscheln mit Kräuterbutter

Vorbereitung: 11 Minuten
Backen: 15–20 Minuten
(5–6 Minuten in der Mikrowelle)

4 Portionen

Dieses einfache kleine Rezept ist eine ausgewogene Mischung aus süßen Jakobsmuscheln, pikanten Schalotten und angenehm riechenden Kräutern – der klassische Mix aus Kerbel, Estragon und Schnittlauch – alle saftig in ein wenig Butter. Die Muscheln werden in kleinen Formen gebacken – ich habe welche mit Deckel, aber große Auflaufformen, dicht abgeschlossen mit Folie, sind genauso brauchbar. Um das volle Aroma zu genießen, wenn man den Deckel hebt, tragen Sie die Formen zugedeckt zu Tisch. Petersilie kann Kerbel ersetzen, und Sie können kleinere Bucht-Jakobsmuscheln verwenden, obwohl ihnen die Süße der größeren Tiefsee-Jakobsmuscheln fehlt.

Dieses Rezept ist leicht zu erweitern, und die Backzeit kann in der Mikrowelle verkürzt werden. Servieren Sie das Gericht mit etwas, das die butterhältigen Muschelsäfte aufsaugt – kleine gekochte Kartoffeln in der Schale oder einfach etwas Krustenbrot, und mit einem duftigen Weißwein.

750 g Jakobsmuscheln, ohne Schale
90 g ungesalzene Butter
2 Schalotten
1 kleiner Bund Kerbel
1 kleiner Bund Estragon
1 kleiner Bund Schnittlauch
2 EL Weißwein
Salz und frisch gemahlener schwarzer Pfeffer

4 feuerfeste Schüsseln mit Deckel oder 4 große Auflaufformen

Den Backofen 5–10 Minuten vor Beginn bei 230 Grad/Gas Stufe 5 vorheizen. Saft der Muscheln abgießen – wenn sie in Flüssigkeit schwimmen, ist es ein Zeichen, daß sie tiefgefroren waren und an Geschmack verloren haben. Die kleine sichelförmige Membran an der Seite der Muscheln entfernen, da sie sehr zäh ist. Auf die Back- oder Auflaufformen verteilen. Die Muscheln sollten ganz am Boden aufliegen, damit sie gleichmäßig kochen.

Butter bei sehr niedriger Hitze in einer mittelgroßen Saucenpfanne oder in der Mikrowelle zergehen lassen.

Inzwischen die Schalotten schälen, ein Stück Wurzel daranlassen, damit sie zusammenhalten. Wenn die Schalotten keine abgeflachte Seite haben, halbieren und mit der flachen Seite nach unten auf ein Schneidbrett legen. So dünn wie möglich schneiden, zur Butter geben und bei mittlerer Hitze sautieren oder in der Mikrowelle bei hoher Einstellung 4 Minuten kochen.

Kerbel und Estragonblätter von den Stielen zupfen, nicht zu fein hacken, da sie leicht gequetscht werden. In die Butter geben. Mit einer Schere den Schnittlauch über der Butter schneiden. Weißwein unterrühren. Vom Herd nehmen, ein wenig Salz und reichlich Pfeffer dazugeben. Umrühren und die Mischung über die Muscheln leeren.

Die Formen zudecken oder mit einer Folie gut abdecken. Auf ein Backblech geben und 15–20 Minuten backen; die Zeit hängt von der Dicke der Formen ab.

In der Mikrowelle die Formen mit einer Mikrowellenfolie bedecken und 5–6 Minuten auf hoher Stufe kochen.

Einen Deckel heben: Wenn die Flüssigkeit Blasen wirft, sind die Muscheln gar. Sofort servieren, da sie zäh und trocken werden, wenn man sie zu lange kocht.

In Kürze

1 Backofen 5–10 Minuten vor Beginn auf 230 Grad/Gas Stufe 5 vorheizen.

2 Flüssigkeit von den Muscheln abgießen und sichelförmige Membran von den Seiten abschneiden. Auf die Formen verteilen.

3 Butter bei niedriger Hitze oder in der Mikrowelle zergehen lassen.

4 Inzwischen Schalotten hacken und in Butter sautieren oder ungefähr 4 Minuten in der Mikrowelle kochen.

5 Kerbel und Estragon hacken und zur Butter geben. Mit einer Schere Schnittlauch in die Butter schneiden. Weißwein unterrühren.

6 Vom Herd nehmen und abschmecken. Umrühren und Mischung über die Muscheln leeren.

7 Formen zudecken, falls nötig, Folie oder Mikrowellenfolie verwenden. Auf Backblech setzen und 15–20 Minuten backen. (In der Mikrowelle auf hoher Stufe 5–6 Minuten kochen.) Deckel heben: Wenn die Flüssigkeit Blasen wirft, sind die Muscheln gar. Sofort servieren.

Schnapper mit Tapenade aus grünen Oliven

Vorbereitung: 10 Minuten
Backen: 12–15 Minuten
(6 Minuten in der Mikrowelle)

4 Portionen

500 g Filet vom Roten Schnapper (ersatzweise Rotbarsch oder Rotbarbe)
Olivenöl zum Bürsten
1 Zitrone

Für die Tapenade:
1 Scheibe Weißbrot
2 Knoblauchzehen
75 g entsteinte grüne Oliven
2 Anchovisfilets
30 g Mandeln, blättrig geschnitten
2 EL Kapern
4 EL Olivenöl
frisch gemahlener schwarzer Pfeffer

Küchenmaschine

Ich lernte die Tapenade aus grünen Oliven kennen, als ich die Autorin und Restaurantkritikerin Patricia Wells in ihrem Haus in der Provence besuchte. Wir mochten beide das sanfte Aroma und die knackigen Mandeln. Sobald ich zu Hause war, versuchte ich sie nachzukochen.
Kaufen Sie auf jeden Fall ein dickes Filet eines kräftigen Fisches wie Roter Schnapper, Heilbutt oder Kabeljau. Nach dem Backen mit der Tapenade bekommt der Fisch durch Oliven und Salz ein köstliches Aroma. Suchen Sie nach großen, fleischigen, grünen Oliven – gute kommen aus Spanien – schon entsteint, um Zeit zu sparen. In der Mikrowelle geht es noch schneller. Als Beilage schlage ich eine Provenzalische Trilogie vor (siehe Seite 103) oder einfach gebratenen süßen Paprika.

Den Backofen 5 Minuten vor Beginn auf 190 Grad/Gas Stufe 3 vorheizen.
Brot für die Tapenade in eine kleine Schüssel geben, 125 ml Wasser dazugeben und Brot einweichen lassen – für eine leichtere, weniger kräftige Tapenade kann man einfach mehr Brot verwenden.
Die Backform mit ein wenig Olivenöl ausstreichen. Die Fischfilets in kaltem Wasser abspülen, trocknen und in 4 gleiche Teile schneiden. In eine Gratinform legen. 4 Scheiben von der Zitrone abschneiden und den Rest beiseite legen.
Die Tapenade zubereiten: Die Knoblauchzehen leicht drücken und schälen. Zusammen mit den Oliven, Anchovisfilets und Mandeln in die Küchenmaschine geben. Kapern in einem Sieb abtropfen lassen, unter kaltem Wasser spülen und zu den Oliven geben. Brot mit der Hand ausdrücken, um das Wasser zu entfernen, und in die Küchenmaschine geben.
Die Zutaten grob hacken. Während die Maschine läuft, das Öl nach und nach dazugießen, damit sich die Tapenade zu einer glatten, leicht steifen Sauce pürieren läßt.
Den Saft der restlichen halben Zitrone zusammen mit viel Pfeffer einarbeiten.
Die Tapenade kosten und mit mehr Zitronensaft und Pfeffer abschmecken. Salzen ist nicht nötig, da die Oliven und Anchovis schon salzig sind.
Ein wenig Tapenade auf jedes Fischstück streichen und obenauf eine Zitronenscheibe legen. Den Fisch im vorgeheizten Backofen 12–15 Minuten backen, bis das Fleisch ein wenig zerfällt, wenn man mit einer Gabel einsticht. Sollten Sie den Fisch gerade gar haben wollen, dann nehmen Sie ihn aus dem Ofen, wenn eine dünne durchscheinende Linie in der Mitte bleibt.
Wenn Sie Zeit sparen und die Mikrowelle benützen wollen, den Fisch mit Auflage in ein entsprechendes Geschirr geben und dicht mit einer Mikrowellenfolie verschließen. Bei hoher Stufe 5–6 Minuten garen.
In der Gratinform heiß servieren.

In Kürze

1 Backofen 5 Minuten vor Beginn auf 190 Grad/Gas Stufe 3 vorheizen.

2 Brot in 125 ml kaltem Wasser einweichen. Gratinform mit Öl auspinseln. Fischfilets waschen und trocknen. In 4 Stücke schneiden und in die Form legen. 4 Scheiben von der Zitrone abschneiden und Rest beiseite legen.

3 Knoblauch schälen und mit Oliven, Anchovis, Mandeln und abgetropften, gespülten Kapern in Küchenmaschine geben. Brot ausdrücken und dazugeben. Grob hacken, bei laufender Maschine Öl dazugießen. Saft der übrigen halben Zitrone mit viel Pfeffer einarbeiten. Probieren und nötigenfalls mehr Zitronensaft und Pfeffer beigeben.

4 Tapenade auf den Fisch streichen und obenauf die Zitronenscheiben legen. 12–15 Minuten backen, bis der Fisch leicht zerfällt, wenn er mit einer Gabel angestochen wird. Heiß servieren.

● In der Mikrowelle Fisch in ein entsprechendes Geschirr geben und dicht mit Folie verschließen. 5–6 Minuten bei hoher Stufe garen.

Seeteufel mit Pancetta und Spinat

Vorbereitung: 11 Minuten
Rösten: 25–30 Minuten
(15–18 Minuten in der Mikrowelle)

4 Portionen

ungefähr 750 g Seeteufelfilet
250 g Pancetta in Scheiben
1 EL Olivenöl
45 g Butter
1 Zwiebel
1 kg gewaschener Spinat
½ Zitrone
½ TL frisch geriebene Muskatnuß
Salz und frisch gemahlener schwarzer Pfeffer

Der Seeteufel ist ein ausgezeichnetes Beispiel für Modeströmungen. Escoffier hätte ihn nicht angerührt, wenn er nicht völlig unter einer Tomatensauce »à la américaine« versteckt gewesen wäre, doch heute wird der Seeteufel wegen seines kräftigen weißen Fleisches, und weil er keine Gräten hat, von allen geliebt. Meistens wird er gezüchtet. Das garantiert Filets mit einer praktischen Größe von 375 g und einem süßen, milden Geschmack. Ich gebe ihm ein wenig mehr Pfiff, indem ich die Filets in italienische Pancetta hülle oder in glatte Streifen geräucherten Specks, wenn die Pancetta knapp ist. Sie können ihn auch in der Mikrowelle gut braten und dabei etwa 15 Minuten Kochzeit einsparen.

Seeteufel haben eine eigenartige Membran unter der Haut, die vor dem Kochen entfernt werden muß. Wenn es nicht schon beim Fischhändler geschehen ist, müssen Sie vor dem Zubereiten einige Extraminuten darauf verwenden, sie mit einem scharfen Messer wegzuschneiden. Pancetta ist viel leichter zu verarbeiten, wenn sie kalt ist, kühlen Sie sie deshalb vorher.

Natürlich können die Seeteufelfilets sehr in der Größe variieren: Wenn sie klein sind, stapeln Sie sie aufeinander; wenn Sie nur ein großes Filet haben, schlagen Sie es zusammen, um den erwünschten »Brateffekt« zu erzielen.

Den Backofen 5 Minuten vor Beginn auf 190 Grad/Gas Stufe 3 vorheizen.
Die Seeteufelfilets waschen und mit Küchenkrepp trocknen.
Pancettascheiben auf der Arbeitsfläche nebeneinander und leicht überlappend auflegen. Die Scheiben sollten insgesamt um etwa 10 cm länger sein als das Filet. Die Filets der Länge nach auf die Pancetta legen und einen Zylinder formen. Die Pancetta um die Filets herum wickeln oder, wenn die Scheiben kurz sind, mit einer neuen Lage Pancettascheiben belegen und das Ganze mit Küchengarn wie eine Roulade binden.
Öl in eine Bratpfanne geben. Den Fisch auf allen Seiten salzen und pfeffern und in die Pfanne legen. Im Backofen 25–30 Minuten backen. Wenn ein Mikrowellenherd benutzt wird, den Braten in eine entsprechende Form geben, dicht mit Folie verschließen und auf hoher Stufe 15–18 Minuten garen.
Butter in einer Stielkasserolle oder einer tiefen Bratpfanne leicht erhitzen. Inzwischen die Zwiebel schälen, ein wenig von der Wurzel daranlassen. Der Länge nach halbieren und mit der Schnittfläche auf ein Schneidbrett legen. Sehr dünnblättrig schneiden und mit ein wenig Salz und Pfeffer in die Pfanne geben. Bei mittlerer Hitze sautieren, bis sie weich ist. Inzwischen die Stiele von den Spinatblättern entfernen: Jedes Blatt in der Mitte falten und den Stiel wegziehen, so daß nur die weichen Blätter übrigbleiben. Die Blätter zur Zwiebel geben, salzen und pfeffern und unter ständigem Schwenken bei mittlerer Hitze 1–2 Minuten garen, bis der Spinat zusammenfällt. Durch das Salz wird er schneller gar.
Den Saft von einer halben Zitrone über den Spinat träufeln. Mit Muskatnuß bestreuen, mit Salz und Pfeffer abschmecken und beiseite stellen.
Um festzustellen, ob der Fisch gar ist, einen Fleischspieß in die Mitte stecken, wie man es auch bei einem Braten tun würde. 30 Sekunden stecken lassen, damit sich die Spitze erwärmen kann. Herausziehen und auf das Handgelenk legen. Ist sie sehr heiß, ist der Fisch in der Mitte gar. Ist der Spieß kühl oder nur warm, ist der Fisch noch nicht durch. Wenn der Fisch gar ist, auf ein Schneidbrett legen.
Den Spinat in die Fischpfanne geben, umrühren und wieder in den Backofen stellen und erwärmen oder in der Mikrowelle 45–60 Sekunden auf hoher Stufe erwärmen.
Inzwischen den Fisch in dicke Scheiben schneiden, das Küchengarn entfernen. Die Gelatine im Fisch hält die Filets in ordentlichen Scheiben zusammen. Scheiben von Seeteufelfilet auf einer vorgewärmten Servierplatte anrichten und den Spinat seitlich dazulegen.

In Kürze

1 Backofen 5 Minuten vor Beginn auf 190 Grad/Gas Stufe 3 vorheizen.

2 Fisch spülen und trocknen. Pancettascheiben überlappend auf der Arbeitsfläche verteilen und Filets darauflegen. Pancetta um den Fisch wickeln oder mit einer neuen Lage bedecken und wie eine Roulade binden.

3 In einer mit Öl ausgestrichenen Bratpfanne 25–30 Minuten backen oder in einer geeigneten Form und bedeckt mit einer Mikrowellenfolie bei hoher Stufe in der Mikrowelle 15–18 Minuten garen.

4 Butter in einer Stielkasserolle erhitzen, bis sie schaumig ist. Zwiebel klein schneiden. Mit Salz und Pfeffer in die Pfanne geben und weich dünsten.

5 Inzwischen Spinat entstielen, zu der Zwiebel geben und bei mittlerer Hitze schwenken, bis er zusammenfällt. Saft einer halben Zitrone und Muskatnuß hinzugeben; wenn nötig, nachsalzen und -pfeffern.

6 Der Fisch ist gar, wenn der Spieß, den man 30 Sekunden lang hineinsteckt, heiß ist. Auf ein Schneidbrett geben und in dicke Scheiben schneiden. Küchengarn entfernen.

7 Spinat in die Fischpfanne geben und im Backofen oder 45–60 Sekunden in der Mikrowelle erhitzen.

8 Seeteufel in Scheiben auf einer vorgewärmten Servierplatte oder einzelnen Tellern anrichten und seitlich den Spinat anhäufen.

Forelle mit Fenchel und Kräutern in Pergament

Vorbereitung: 14 Minuten
Ruhen: bis zu 4 Stunden im Kühlschrank vor dem Backen
Backen: 25–35 Minuten (4–6 Minuten in der Mikrowelle für 2 Portionen)

4 Portionen

Das Kochen in Papier ist nichts Neues. Ein mittelalterliches Kochbuch gibt den Rat, zarte Fleischstücke in geöltes Papier zu wickeln, um sie vor den Flammen eines offenen Feuers zu schützen – zu dieser Zeit eine teure Form der Zubereitung. Ende des vergangenen Jahrhunderts schrieb Nicholas Soyer ein ganzes Buch zum Thema »Kochen mit Papier«. Er beschwor, daß in einer Papiertüte eine Atmosphäre entstünde, die »dem Gericht eine Fülle geben würde, welche einen neuen und köstlichen Effekt entstehen ließe«. Tatsächlich kann man mit einer Art Papiertüte ein ganzes Hauptgericht in einem eleganten Päckchen aus Pergamentpapier kochen. Wenig oder kein Fett ist nötig, da die Säfte im Päckchen bleiben. Fisch läßt sich gut en papillote – wie diese Zubereitungsart heute gern genannt wird – kochen, ob es nun Lachs, Seebrasse oder eine Forelle ist, wie ich es hier vorschlage. Die Päckchen bräunen und blähen sich durch den Dampf auf, sehen gut aus und sagen Ihnen, wenn das Gericht gar ist. Lassen Sie sich nicht dazu verleiten, ersatzweise Folie zu nehmen, denn das wird nie klappen. Das Aroma, das aus einem offenen Päckchen bei Tisch entströmt, ist schon der halbe Reiz der Speise. Es ist sogar besser, wenn Sie die Päckchen bis zu vier Stunden vorher zubereiten und erst vor dem Servieren backen. In der Menge werden Sie nur durch Ihren Backofen eingeschränkt. Wenn Sie für zwei kochen, können Sie mit der Mikrowelle Zeit sparen, allerdings bietet sie nur für 2 Päckchen Platz.

4 Forellenfilets, jedes ca. 175 g
2 mittlere Fenchelknollen
75 g Butter
1 mittelgroßer Bund Dille
4 EL Pernod oder ein anderer Anisschnaps
Salz und frisch gemahlener schwarzer Pfeffer

4 Blätter Pergamentpapier, jedes ca. 30 x 40 cm

Den Backofen 5 Minuten vor Beginn auf 190 Grad/Gas Stufe 3 vorheizen. Die Stiele und Wurzeln von der Fenchelknolle abschneiden und die Knolle halbieren. Mit der Schnittfläche auf ein Schneidbrett legen und sehr dünnblättrig vom Stiel zu den Wurzeln schneiden. Je dünner die Scheiben sind, desto schneller werden sie gar sein.
Die Hälfte der Butter in einer Bratpfanne zergehen lassen. Den Fenchel dazugeben, mit Salz und Pfeffer abschmecken und eine Folie darübergeben. Bei großer Hitze 3–4 Minuten kochen lassen, gelegentlich umrühren, bis der Fenchel den größten Teil der Butter aufgesogen hat und weicher, aber noch immer knackig ist.
Inzwischen die restliche Butter in einer kleinen Pfanne zergehen lassen.
Um die Papillotes zu formen, jedes Stück Pergamentpapier in der Mitte in Längsrichtung falten und wieder öffnen. Einen Küchenpinsel in die geschmolzene Butter stippen und damit über das Papier pinseln. Auf diese Weise reißt das Papier durch die Hitze des Rohres nicht.
Die Forellenfilets mit kaltem Wasser abspülen und mit Küchenkrepp abtrocknen. Die Dillblätter von den Stielen zupfen, vier übriglassen und die anderen grob hacken. Den gehackten Dill zum Fenchel geben und nötigenfalls abschmecken.
Den Fenchel in derselben Länge wie die Forelle auf eine Hälfte der Papierblätter legen. Ein Filet darauflegen, und zwar mit der Hautseite nach oben, sofern sie appetitlich aussieht. Mit Salz, Pfeffer und Pernod würzen. Mit einem Dillzweig garnieren. Nun das Papier über die Forelle legen und die Papierenden zusammenpressen. An einem Ende beginnen, die Enden einzubiegen, damit der Rand gut abschließt. Rundherum bis zum gegenüberliegenden Ende arbeiten.
Die Päckchen auf ein Backblech legen und im vorgeheizten Ofen 25–35 Minuten backen, bis sie sich aufgebläht haben und braun sind. Beim Kochen wird der Dampf das Papier ballonförmig aufblähen. In die Mikrowelle passen nur 2 Päckchen, die bei hoher Stufe 4–6 Minuten gekocht werden.
Die Päckchen auf vorgewärmte Teller legen und sofort servieren, da die warme Luft sehr schnell entweicht. In einem Restaurant würde der Kellner das Päckchen aufschneiden. Legen Sie zu Hause eine Schere bereit, damit jeder selbst sein Überraschungspäckchen öffnen kann.

In Kürze

1 Backofen auf 190 Grad/ Gas Stufe 3 vorheizen. Fenchel putzen, halbieren und sehr dünnblättrig schneiden.

2 Hälfte der Butter in der Bratpfanne zergehen lassen, Fenchel dazugeben, salzen und pfeffern, Folie darübergeben. Bei starker Hitze 3–4 Minuten kochen, bis der Fenchel weicher ist.

3 Restliche Butter zergehen lassen. 4 große Blätter fettundurchlässiges Papier in der Mitte falten. Öffnen und mit zerlassener Butter ausstreichen.

4 Forellen waschen und trocknen. Dillblätter von den Stielen zupfen und alle bis auf 4 grob hacken. Gehackten Dill zu Fenchel geben und abschmecken.

5 Fenchel auf einer Papierhälfte anrichten, ein Forellenfilet daraufsetzen und mit Salz, Pfeffer und Pernod würzen. Jedes Filet mit einem Dillzweig garnieren. Das Papier über der Forelle zusammenschlagen und die Enden einknicken, um sie zu verschließen.

6 Auf ein Backblech geben und 25–35 Minuten backen, bis die Päckchen sich aufblähen und braun werden. Als Alternative 2 Päckchen in die Mikrowelle geben und auf hoher Stufe 4–6 Minuten garen.

7 Auf vorgewärmte Teller legen und sofort servieren.

Die Hauptsache

Gebratener Fisch »Belle Florence«

Vorbereitung: 12 Minuten
Braten: 30–35 Minuten

4 Portionen

Zu diesem Rezept gibt es viel zu sagen. Beginnen wir einmal mit dem Fisch: Lachs, Brasse und Seebarsch eignen sich besonders gut zum Braten, man sollte aber auch den unscheinbareren Seehecht oder die Forelle nicht außer acht lassen. Aus Zeitgründen empfehle ich einen großen Fisch für 4 Personen, der 30–35 Minuten lang gebraten wird. Es stört nicht, wenn er ein bißchen zu groß ist, die Reste schmecken köstlich in einem Salat. Sie können auch zwei kleinere Fische von je etwa 750 g verwenden, die Sie 25–30 Minuten braten.

Wichtig ist die gründliche Vorbereitung – wenn es Ihnen unangenehm ist, den Fisch selbst zu putzen, lassen Sie es vom Fischhändler machen: die Innereien ausnehmen, Kiemen entfernen, Flossen abschneiden und den Schwanz in der üblichen »V«-Form schneiden. Ist der Kopf noch daran, um so besser – es sieht nicht nur beeindruckend aus, das Auge des Fisches sagt Ihnen auch, wann er durch ist.

Die Auswahl der Zutaten, die Sie mit dem Fisch verwenden, ist Ihnen überlassen. Vielleicht möchten Sie Zucchini, Paprika oder Fenchel anstatt der Champignons im Originalrezept nehmen oder in eine orientalische Richtung gehen, mit einem Hauch Ingwer und Knoblauch anstelle der mediterranen Kräuter, wie im abgewandelten Rezept. Sie entscheiden auch, ob das Gericht heiß oder bei Zimmertemperatur serviert wird.

Der Name Belle Florence geht zurück auf unsere Rezeptionistin in der Kochschule von La Varenne, eine Frau mit großer Ausstrahlung und eine würdige Anregung zu einem besonderem Gericht.

1 ganzer Fisch (siehe oben), ca. 1,5 kg, geputzt
1 Zwiebel
4 EL Olivenöl
500 g Tomaten
250 g Champignons oder andere Pilze
1 EL getrocknete Kräuter der Provence
1 Zitrone
4 Zweige frischer Thymian
Salz, Pfeffer

Feuerfeste Kasserolle, groß genug für den Fisch

Den Backofen 5 Minuten vor Beginn auf 190 Grad vorheizen/Gas Stufe 3. Zwiebel schälen und der Länge nach halbieren. Beide Hälften feinblättrig schneiden – je dünner, um so schneller sind sie gar.

In der Kasserolle die Hälfte des Öls erhitzen. Zwiebel dazugeben, umrühren und bei mittlerer Hitze anbraten.

Inzwischen Tomaten ausschneiden und in 1 cm breite Scheiben schneiden. Die Stiele der Champignons putzen, die Köpfe mit einem feuchten Tuch abwischen. Wenn die Pilze voll Sand sind, legen Sie sie in kaltes Wasser und rühren Sie um, dann löst sich der Sand ab, und Sie können die Pilze wieder herausnehmen. In dicke Scheiben schneiden.

Geben Sie Tomaten, Pilze und Kräuter der Provence zur Zwiebel. Salzen und pfeffern, umrühren und bei mittlerer Hitze braten lassen.

Den Fisch waschen, besonders das Innere, und mit Küchenkrepp trockentupfen. Schneiden Sie den Fisch an jeder Seite jeweils viermal seitlich ein, damit er gleichmäßig gebraten wird.

Von der Zitrone 2 Scheiben abschneiden und halbieren. Einen Zweig Thymian und eine Zitronenscheibe in jeden Einschnitt an der Oberseite des Fisches stecken. Das Gemüse vom Herd nehmen und den Fisch darauflegen. Den Saft der zweiten Zitronenhälfte über den Fisch träufeln und mit dem restlichen Olivenöl bestreichen, salzen und pfeffern.

Bedecken Sie nun die Kasserolle mit Alufolie und braten Sie den Fisch 30–35 Minuten im Backofen, bis er sich leicht mit der Gabel zerlegen läßt, in der Mitte dunkler ist und die Augen weiß sind und aus den Höhlen treten. Versuchen Sie nicht, mit der Mikrowelle Zeit zu gewinnen – ein Fisch in dieser Größe wird nicht gleichmäßig durch.

Legen Sie nun den Fisch auf eine Vorlegeplatte, würzen Sie das Gemüse nach Belieben und garnieren Sie damit den Fisch. Heiß servieren oder auf Zimmertemperatur abkühlen lassen (ca. 1 Stunde).

Gebratener Fisch mit Sellerie und Ingwer

Frischer Ingwer und Limettensaft gehören naturgemäß zum Fisch, und Sellerie dient als knackige Beilage.

Lassen Sie im Rezept oben Zwiebel, Tomaten, Pilze, Thymian und Kräuter weg. Sie brauchen 150 ml Olivenöl, das die Kartoffeln aufsaugen. Eine mittelgroße Sellerieknolle putzen und in 1 cm breite Scheiben schneiden, in einem Sieb unter fließend kaltem Wasser abspülen.

Die Hälfte des Öls erhitzen und den Sellerie ebenso wie oben die Zwiebel sautieren. Inzwischen 2 Knoblauchzehen schälen, hacken und unter den Sellerie rühren. Salzen und pfeffern. Ein walnußgroßes Stück frischen Ingwer in Scheiben schneiden, zerdrücken und unter den Sellerie rühren.

Während das Gemüse sautiert, 4–5 Kartoffeln waschen und in 1 cm breite Scheiben schneiden. Den Fisch wie beschrieben zubereiten. Die Scheiben einer Limette (anstelle der Zitrone) in die Einschnitte des Fisches stecken.

Die Kartoffeln zum Sellerie geben und durchmischen. Den Fisch auf das Gemüse legen und mit dem restlichen Olivenöl bestreichen. 15 ml Weißwein und den Saft der Limette hinzugeben, salzen und pfeffern. Den Fisch bedecken und wie beschrieben braten.

In Kürze

1 Backofen 5 Minuten vor Beginn auf 190 Grad vorheizen/Gas Stufe 3.

2 Zwiebel feinblättrig schneiden. Die Hälfte des Öls in einer feuerfesten Kasserolle erhitzen, Zwiebel darin sautieren.

3 Tomaten ausschneiden. Stiele der Pilze putzen, Köpfe abwischen, in dicke Scheiben schneiden. Tomaten, Pilze und Kräuter der Provence in die Kasserolle geben, salzen und pfeffern. Umrühren, bei mittlerer Hitze braten.

4 Fisch waschen, trocknen, an jeder Seite 4 mal schräg einschneiden. 2 Zitronenscheiben halbieren, Thymianzweig und halbe Zitronenscheibe in jeden Einschnitt an der Oberseite des Fisches stecken.

5 Gemüse vom Herd nehmen, Fisch darauflegen. Saft der restlichen Zitronenhälfte über den Fisch träufeln, mit restlichem Öl bestreichen. Würzen.

6 Bratpfanne mit Alufolie auslegen, Fisch 30–35 Minuten backen, bis er in der Mittel dunkel ist. Mit einer Gabel testen, ob das Fleisch schon weich ist.

7 Fisch auf Vorlegeplatte legen. Gemüse würzen, um den Fisch legen. Heiß oder bei Zimmertemperatur servieren.

Schweinekotelett mit Zwiebelconfit

Vorbereitung: 13 Minuten
Garen: 30–35 Minuten
Haltbarkeit (für das Confit):
  eine Woche im Kühlschrank

4 Portionen

4 Schweinskoteletts
  (ca. 750 g insgesamt)
125 g Butter
6–8 Gemüsezwiebeln
  (ca. 1,4 kg)
250 ml Rotwein
1 EL Zucker
Salz und frisch gemahlener Pfeffer

Zwiebelconfit ist unwiderstehlich, deshalb war ich entschlossen, die normalerweise stundenlange Zubereitung so zu straffen, daß sich das Gericht auch nach einem Arbeitstag noch bewerkstelligen läßt. Es ist alles eine Frage des schnellen Startes. Die Zwiebeln sollten in viel Butter braten, dann in Rotwein weichdünsten, damit sie Farbe bekommen; zum Schluß sorgt ein Hauch von Zucker für die Süße. Zwiebelconfit paßt zu fettem Fleisch wie Ente oder Schwein. Die Koteletts nehmen nur wenig Zeit in Anspruch, deshalb können Sie ruhig eine gehörige Portion Zwiebeln kleinschneiden. Gemüsezwiebeln sind sehr geschmacksintensiv. Je größer sie sind, desto leichter lassen sie sich schneiden. Das Ganze mit Nudeln oder Kartoffeln servieren, und Sie haben ein wahres Festessen.

Etwa ein Viertel der Butter in einer Pfanne erhitzen. Die Koteletts auf beiden Seiten würzen und in die braun werdende Butter geben. 4–5 Minuten bei mittlerer Hitze braten. Inzwischen die restliche Butter in einer flachen Kasserolle bei mittlerer Hitze zergehen lassen. Eine Zwiebel schälen, ein Stück der Wurzel daranlassen. Der Länge nach halbieren, dünnblättrig schneiden und unter die Butter rühren. Nach und nach alle Zwiebeln schälen, schneiden und nacheinander in die Pfanne geben. Gut umrühren.

Koteletts umdrehen, wenn eine oder zwei Zwiebeln geschnitten sind, kleiner drehen und die Koteletts auf der anderen Seite bräunen lassen, während Sie die Zwiebeln fertigschneiden. Wenn alle Zwiebeln in der Pfanne sind, stärker erhitzen und 2 Minuten sautieren. Sie sollten ziemlich braun und weich sein.

Die Koteletts sollten braun und in der Mitte gut durch sein – sind sie das nicht, quillt noch Fleischsaft an der Oberseite aus. Auf eine Vorlegeplatte legen.

Wein, Zucker, Salz und Pfeffer zu den Zwiebeln geben, umrühren und aufkochen lassen. Hitze zurücknehmen, ein Stück Alufolie auf die Zwiebeln drücken, Deckel aufsetzen. Die Zwiebeln sollten jetzt ganz langsam weichgaren.

Nach 30–35 Minuten Zwiebeln umrühren und würzen. Sie sollten sehr dunkel sein, vielleicht kleben sie am Boden der Pfanne fest. Seien Sie unbesorgt – das ergibt einen köstlichen karamelisierten Saft, der zum Geschmack des Confits entscheidend beiträgt. Wenn die Zwiebeln nicht schön braun sind, kochen Sie sie noch einmal ca. 1–2 Minuten auf. Die Koteletts darauflegen, gut abdecken und etwa 5 Minuten erwärmen. Aus der Kasserolle servieren oder auf Teller verteilen.

In Kürze

1 Ein Viertel der Butter in der Pfanne zergehen lassen. Koteletts würzen. 4–5 Minuten bei mittlerer Hitze auf beiden Seiten bräunen.

2 Restliche Butter in einer niedrigen Kasserolle zergehen lassen. Zwiebeln schälen, blättrig schneiden und unterrühren. Nacheinander alle Zwiebeln einrühren.

3 Stärker erhitzen und 2 Minuten sautieren, umrühren, bis die Zwiebeln leicht gebräunt und weich sind.

4 Koteletts sollten gebräunt und in der Mitte durch sein. Auf eine Platte legen.

5 Wein, Zucker, Salz und Pfeffer unter die Zwiebeln rühren und zum Kochen bringen. Alufolie andrücken, Deckel aufsetzen, 30–35 Minuten auf kleiner Flamme kochen.

6 Koteletts auf die Zwiebeln legen, gut abdecken und bei wenig Hitze 5 Minuten erwärmen.

7 Aus der Kasserolle oder auf Teller verteilt servieren.

Gebratenes Schweinekarree mit Kartoffeln auf Bäckerart

Vorbereitung: 14 Minuten
Bratzeit: 45–60 Minuten

4 Portionen

1 kg Schweinekarree, ausgelöst
4 Knoblauchzehen
1 mittelgroßer Zweig Salbei
1 mittelgroßer Zweig Thymian
1 TL Salz, etwas Salz zum Bestreuen
3 EL Olivenöl
1 TL schwarze Pfefferkörner
500 ml Milch
frisch gemahlener schwarzer Pfeffer

Für die Kartoffeln auf Bäckerart:
2 EL Öl
1 große Zwiebel
4 mittelgroße Kartoffeln (ca. 1 kg)
500 ml Hühner- oder Kalbsfonds, falls nötig auch mehr

Küchenmaschine mit Hack- und Schneidmessern
mittelgroße, feuerfeste Kasserolle
flache, feuerfeste Backform

Schweinefilets in Milch zu garen, ist ein alter italienischer Trick – das Fleisch bleibt saftig, und gleichzeitig entsteht ein köstlicher, brauner Bratensaft. Die Milch zersetzt sich beim Braten, deshalb sieht der Fonds leicht geronnen aus. Lassen Sie sich aber davon nicht abschrecken – er schmeckt hervorragend. Ich kaufe normalerweise ein Karree mit Knochen, das ich aufrolle und mit viel Knoblauch, Olivenöl und Kräutern fülle; so hält es sich von innen her saftig. Ich nehme hier Salbei und Thymian, weil bei uns genug davon im Garten wächst; Sie können genausogut Rosmarin oder Oregano verwenden.
Die Hälfte des Knoblauchs und der Kräuter kommt in eine Schüssel mit dünnblättrig geschnittenen Kartoffeln, die im Backrohr mit dem Karree gebacken werden. Das Fleisch schmeckt auch kalt gut, etwa mit Panzanella (siehe Seite 74) oder Ratatouille à la minute (siehe Seite 91) statt der Kartoffeln auf Bäckerart. Zu diesem herzhaften Gericht paßt fast jeder Rotwein – warum nicht in fernere Gefilde schweifen und etwas aus Australien oder Chile probieren?

Den Backofen 5–10 Minuten vor Beginn auf 200 Grad vorheizen/Gas Stufe 3.
Knoblauchzehen mit dem Messer drücken, damit sich die Schale löst, schälen und in die Küchenmaschine geben. Die Salbeiblätter vom Stiel lösen und zum Knoblauch geben. Die Thymianblätter, den TL Salz und die 2 EL Olivenöl in den Mixer geben. Zerdrücken Sie die Pfefferkörner unter einer schweren Pfanne und mischen Sie sie unter die anderen Zutaten. Zu einer Paste verarbeiten.
Entfernen Sie die Fasern vom Fleisch und nötigenfalls überschüssiges Fett. Das Fleisch ausrollen und mit ca. zwei Drittel der Knoblauch-Kräuter-Paste bestreichen. Den Rest lassen Sie noch im Mixer. Das Fleisch jetzt zusammenrollen und mit Küchengarn umwickeln. Sie brauchen sich keine große Mühe zu geben, das Fleisch soll nur zusammenhalten.
Das restliche Öl in eine feuerfeste Kasserolle geben und auf großer Flamme erhitzen. Fleisch hineinlegen, salzen, pfeffern und braun werden lassen. Von Zeit zu Zeit wenden. Für die Kartoffeln erhitzen Sie das Öl in einer feuerfesten Backform. Zwiebel schälen, ein Stück von der Wurzel daranlassen und der Länge nach halbieren. Dünnblättrig schneiden, wiederum der Länge nach. In das Öl rühren und bei mittlerer Flamme sautieren.
Die Kartoffeln waschen und trockenreiben. Das Messer der Küchenmaschine gegen ein Schneidmesser austauschen und die Kartoffeln in dünne Scheiben schneiden, zum restlichen Knoblauch und zum Kräuterpüree geben.
Die Zwiebelscheiben sollten jetzt weich sein. Geben Sie die Kartoffeln hinzu, gut vermischen und glattstreichen. Den Fond darübergießen – die Kartoffeln sollten beinahe ganz mit Flüssigkeit bedeckt sein.
Mit Alufolie abdecken und auf der unteren Einschubleiste im Backofen backen. Das Fleisch kommt auf eine höhere Leiste. Am Ende der Garzeit sollten die Kartoffeln sehr weich sein und den Großteil der Flüssigkeit aufgesogen haben. Das dauert 45–60 Minuten, gleich lange wie das Fleisch. Legen Sie das Schweinefleisch mit der gebräunten Seite nach oben in die Kasserolle und geben Sie die Milch hinzu. Die Kasserolle zudecken und das Fleisch im Rohr 45–60 Minuten backen. Ich mag Schweinefleisch ganz zart und gut durch, deshalb teste ich es mit einem Spieß, der als archaisches Fleischthermometer fungiert. Stechen Sie mit dem Spieß in die Mitte des Karrees und warten Sie 30 Sekunden. Dann ziehen Sie ihn heraus und berühren damit Ihr Handgelenk. Er sollte sehr heiß sein, dann ist das Fleisch in der Mitte durch.
Ist er kühl oder lauwarm, so ist das Fleisch noch nicht gar. Testen Sie auch die Kartoffeln, um sicherzugehen, daß sie nicht austrocknen. Ist das der Fall, dann gießen Sie noch etwas Fonds darüber.

Wenn das Fleisch gar ist, trennen Sie das Küchengarn ab und legen Sie das Fleisch auf ein Schneidbrett. Bratensaft aufkochen lassen, würzen und in eine Schüssel geben. Am Tisch wird das Fleisch in großzügige Scheiben geschnitten. Servieren Sie den Bratensaft extra und die Kartoffeln in der Backform.

Gebratenes Schweinekarree mit Knollensellerie und Speck

Mit Knollensellerie und Speck bleibt der italienische Einschlag dieses Rezeptes erhalten. Es ist nur eine leichtere Variante des deftigen Gerichtes.
Ergänzen Sie das Rezept oben mit 180 g Speck und ersetzen Sie die Kartoffeln durch eine mittelgroße Knolle Sellerie. Den Speck quer in 5 mm breite Streifen schneiden. In eine Pfanne geben, den Backofen auf mittlere Stufe schalten. Zwiebel wie oben vorbereiten und zum Speck geben. Sellerieknolle waschen und trockenwischen. In Längsrichtung halbieren, dann in 2 cm breite Scheiben schneiden. 2 oder 3 Scheiben zusammen in 2 cm dicke Stücke schneiden. Die Stücke wieder zusammennehmen und würfeln. Wenn die Zwiebelscheiben weich sind, gewürfelte Sellerieknolle dazugeben und gut vermischen. Glattstreichen.
Das Gemüse zusammen mit dem Schweinefleisch im Backrohr wie beschrieben garen.

In Kürze

1 Backofen 5–10 Minuten vor Beginn auf 200 Grad/ Gas Stufe 3 vorheizen.

2 Knoblauch schälen und in die Küchenmaschine geben. Salbei- und Thymianblätter zum Knoblauch geben, dazu 1 TL Salz und 2 EL Öl. Pfefferkörner grob zerdrücken und hinzugeben. Zur Paste verarbeiten.

3 Überschüssiges Fett vom Fleisch entfernen, Innenseite mit 2 Drittel der Kräutermasse bestreichen. Einrollen und zusammenbinden. Mit dem restlichen Öl in eine tiefe feuerfeste Kasserolle geben und würzen. Bei hoher Hitze bräunen lassen.

4 Inzwischen Kartoffeln vorbereiten: Öl in einer flachen Backform erhitzen, Zwiebel schälen und fein schneiden, in die Backform geben und sautieren. Kartoffeln waschen und trocknen. Mit der Küchenmaschine in dünne Scheiben schneiden, zur restlichen Knoblauchpaste geben.

5 Kartoffeln, Salz und Pfeffer zu den Zwiebeln geben, gut vermischen und glattstreichen. Mit Fonds übergießen, mit Alufolie abdecken und 45–60 Minuten backen, bis die Kartoffeln sehr weich sind und der Fonds aufgesogen ist.

6 Inzwischen Fleisch mit der braunen Seite nach oben drehen, mit der Milch übergießen. Verschließen und im Backofen mit den Kartoffeln 45–60 Minuten backen. Mit dem Spieß testen, er muß nach 30 Sekunden heiß sein.

7 Wenn das Karree gar ist, auf ein Schneidbrett legen. Bratensaft aufkochen, würzen und in eine Servierschüssel leeren. Die Kartoffeln aus der Form servieren.

Die Hauptsache

Gebackener Schinken mit Äpfeln und Sahne

Vorbereitung: 8 Minuten
Backen: 15–20 Minuten
 (5–7 Minuten in der Mikrowelle)

4 Portionen

Die Normandie ist nicht gerade berühmt für eine Vielfalt an Zutaten; das wenige, was es gibt, ist jedoch hervorragend. Wir bewohnten mehrere Jahre ein Haus an der Kanalküste, und meine Erinnerungen an Kabeljau, Milchkälber, Sahne und knackige Äpfel sind sehr lebendig. In diesem Rezept werden die Äpfel mit Sahne – Crème fraîche, wenn möglich – und Calvados für die gehaltvolle Sauce zum gebackenen Schinken kombiniert. Wenn Sie Granny Smith nehmen, bekommt die Sauce eine angenehm säuerliche Note, aber im Unterschied zu Golden Delicious fallen sie beim Versuch, sie in Ringen zu fritieren, auseinander. Zum Schinken sollten Sie Kartoffeln reichen – die Normandie ist nun einmal keine Reis- oder Nudelgegend.

Nur wenige Fleischsorten sind von Land zu Land so verschieden wie Schinken. In den USA würde ich nach einem Stück gekochten Landschinken Ausschau halten, der mindestens 1 cm dick geschnitten ist. In England ist Räucherschinken ein guter Tip, weil er günstiger als Beinschinken und in einem Gericht wie diesem ebenso saftig ist. In Frankreich sollte der Metzger eine Scheibe vom deftigen Jambon d'York *für Sie abschneiden. Vermeiden Sie jedenfalls den einfachen, vorgeschnittenen, mit Zusatzstoffen behandelten Schinken. Wenn Sie keinen anderen bekommen, entscheiden Sie sich für ein anderes Rezept.*

1–2 Schinkenstücke,
 1 cm dick (etwa 750 g)
45 g Butter
1 Zwiebel
2 Äpfel
30 g Zucker
3–4 EL Calvados oder Cognac
250 ml Crème fraîche oder Sahne
Salz und frisch gemahlener schwarzer Pfeffer

Den Backofen 5–10 Minuten vor Beginn auf 200 Grad/Gas Stufe 3 vorheizen.

Die Hälfte der Butter in einer Pfanne bei wenig Hitze zergehen lassen. Zwiebel schälen, ein Stück Wurzel daranlassen. Der Länge nach halbieren und in dünne Scheiben schneiden. Zwiebel in die Butter einrühren und anbraten.

Einen Apfel vierteln, Gehäuse ausstechen. In dünne Scheiben schneiden, zur Zwiebel mischen. Mit einem Eßlöffel Zucker, Salz und Pfeffer bestreuen und 1–2 Minuten ziemlich kräftig anbraten. Die Zwiebel und der Apfel sollten weich werden und ein wenig bräunen, indem sie durch den Zucker einen Karamelgeschmack annehmen.

Inzwischen die restliche Butter in einer anderen Bratpfanne zergehen lassen. Das Gehäuse des zweiten Apfels mit einem Apfelstecher ausstechen. Den Apfel nicht schälen, aber die Enden abschneiden und ihn in 1 cm dicke Ringe schneiden. Die Apfelringe in die Butter geben, mit ein wenig Zucker bestreuen und mit der gezuckerten Seite nach unten legen, damit sie karamelisieren. Den restlichen Zucker darüberstreuen und bei mittlerer Hitze 2–3 Minuten braten.

Währendessen die Pfanne mit den Zwiebelscheiben und dem Apfel vom Herd nehmen, Calvados oder Cognac darübergießen und mit einem Streichholz anzünden. Ein wenig zurücktreten, da Calvados in einer hohen Flamme brennen kann. Wenn es nicht brennt, die Pfanne wieder auf den Herd geben, ein wenig erhitzen und erneut versuchen. Wenn die Flamme ausgeht, ist das ein Zeichen dafür, daß der Alkohol verbrannt ist und man weitermachen kann. Auf die Apfelringe achten und wenden, wenn sie braun sind. Auf der anderen Seite bräunen lassen.

Den Schinken in 4 Portionen teilen und in eine Backform oder ein Mikrowellengeschirr geben.

Die Sahne zu den Äpfeln und den Zwiebeln geben, zum Kochen bringen und kräftig rühren, damit sich die eingedickte Flüssigkeit vom Boden der Pfanne löst. Der Apfel wird weich genug sein, um die Sahne leicht einzudicken.

Mit Salz und Pfeffer abschmecken (bedenken Sie, daß der Schinken bereits salzig ist) und die Sahne mit Äpfeln und Zwiebel über den Schinken leeren, so daß er vollständig bedeckt ist. Mit einer Folie abdecken. 15–20 Minuten im Backofen oder 5–7 Minuten bei hoher Einstellung in der Mikrowelle braten, bis das Gericht heiß ist und Blasen wirft.

Wenn die Apfelringe gebräunt sind, vom Ofen nehmen. Zudecken und an einen warmen Platz stellen. Den Schinken in einer Backform servieren, mit den Apfelringen garnieren oder den Schinken auf vier einzelnen Tellern anrichten, die Sauce darüberlöffeln und mit einem Apfelring garnieren.

Gebratener Schinken in Paprikasauce

In obigem Rezept wird der salzige Schinken mit süßen Äpfeln kombiniert. Hier werden die Äpfel durch Paprika ersetzt, das ergibt eine Verbindung von Salzigem und Pfeffrigem. Dieses Rezept verdient den besten süßen Paprika, den Sie finden können. Eine herzhafte Pasta, wie Conchiglie oder Maccheroni, ist die beste Beilage.
In obigem Rezept Äpfel und Zucker weglassen. Calvados durch Wodka ersetzen. Die Zwiebel 1–2 Minuten dünsten, dann 2 Eßlöffel Paprika unterrühren. Unter ständigem Rühren den Paprika 1 Minute leicht anbräunen. Mit Wodka flambieren, Sahne dazugeben und zum Kochen bringen. Fortfahren, wie angegeben, den Schinken in der Paprikasauce braten und die Garnierung mit den Apfelringen weglassen.

In Kürze

1 Backofen 5–10 Minuten vor Beginn auf 200 Grad/ Gas Stufe 3 erhitzen.

2 Die Hälfte der Butter in einer Bratpfanne zergehen lassen. Zwiebel schälen und blättrig aufschneiden, zur Butter geben und schwach kochen.

3 Einen Apfel entkernen und blättrig schneiden. Apfelspalten in die Pfanne mit der Zwiebel geben. Einen Eßlöffel Zucker dazurühren, würzen und 1–2 Minuten dünsten.

4 Inzwischen restliche Butter in einer anderen Pfanne zergehen lassen. Übrigen Apfel putzen, Enden abschneiden und in 1 cm dicke Ringe schneiden. Zur Butter geben, mit ein wenig mehr Zucker bestreuen und mit der gezuckerten Seite nach unten legen. Mit dem restlichen Zucker bestreuen und 2–3 Minuten dünsten.

5 Inzwischen Pfanne mit Zwiebel und Apfel vom Herd nehmen und mit Calvados flambieren. Pfanne wieder erhitzen, Sahne dazugeben und zum Kochen bringen, kräftig rühren, damit sich angelegte Säfte vom Boden der Pfanne lösen. Abschmecken. Apfelringe wenden, wenn sie braun sind, und 2–3 Minuten auf der anderen Seite bräunen lassen.

6 Schinken in 4 Portionen teilen und auf eine Backform oder in ein Mikrowellengeschirr legen. Sauce darüberleeren, mit Folie bedecken und braten, bis das Gericht heiß ist und Blasen wirft: 15–20 Minuten im Backofen oder 5–7 Minuten in der Mikrowelle auf hoher Stufe.

7 Wenn die Apfelringe gebräunt sind, vom Herd nehmen, zudecken und warm stellen.

8 Schinken in der Backform servieren oder mit der Sauce auf 4 Tellern anrichten und mit Apfelringen garnieren.

In fünfzehn Minuten auf dem Tisch

Es ist überraschend, was alles mit ein wenig Einfallsreichtum aus einer beliebigen Hauptzutat in 15 Minuten zubereitet werden kann, wie etwa Fisch, Minuten-Steak oder Kalbsschnitzel. Für eine einfache und ausreichende Mahlzeit nimmt Pasta bei vielen Leuten einen Spitzenplatz ein. Versuchen Sie Farfalle mit Pilzen und Nüssen oder ein asiatisches Pfannengericht wie Reisnudeln mit Garnelen. Frische Tagliatelle sind heute in vielen Supermärkten zu kaufen und schmecken köstlich mit Koriander und Ingwer, oder verwenden Sie sie statt Spaghetti, kombiniert mit pikanten sizilianischen Aromen.

Selbst wenn Sie keine Zeit zum Einkaufen haben, können Sie, so Sie den Hinweisen für einen gut gefüllten Vorratsschrank (Seite 8) gefolgt sind, auf Eier, Nudeln oder eine schnell gekochte Gemüsesuppe ausweichen. Es spart unendlich viel Zeit, wenn bestimmte Zutaten einfach immer griffbereit vorhanden sind, wie Olivenöl, Weinessig und geriebener Käse, nicht zu vergessen Wein, Knoblauch, Frühlingszwiebeln und ein oder zwei Sorten Kräuter.

Die folgenden Rezepte sind als Ausgangsbasis gedacht und lassen sich gut durch eigene Ideen ergänzen und abändern. Zum Beispiel können Sie das offene Bauernomelett mit nahezu allem, was Sie zu Hause haben, füllen, von gebratenem Hähnchen über Fisch bis zu verschiedenen Gemüsesorten und Käse. Die pfannengerührten Reisnudeln mit Garnelen und das würzige indonesische Pfannengericht sind ähnlich anpassungsfähig.

Kombinieren Sie irgendein Rezept aus diesem Teil mit einem aus den *»Flotten Salaten«*, wie etwa dem warmen Friséesalat mit Speck, der Panzanella oder dem Crazy salad. Keiner davon dauert länger als 15 Minuten. Entscheiden Sie sich noch für ein rasches Rezept aus dem *»Schnellen Finale«*, wie heiße Erdbeercreme, Orangensalat mit Nußkaramel oder Marmeladensoufflé, und Sie haben ein dreigängiges Menü, das in weniger als einer Stunde fertig ist. Deshalb schalten Sie den Backofen ein, erhitzen Sie einen Topf mit Wasser und schenken Sie sich einen Drink ein, selbst wenn es nur ein Glas Mineralwasser ist … und entspannen Sie sich!

Links: Minestrone à la minute *siehe Seite 48*

Minestrone à la minute

Vorbereitung: 15 Minuten

4 Portionen

Ich weiß, daß Puristen bei der Vorstellung graut, eine Variante der Minestrone in 15 Minuten zuzubereiten, doch es ist genau die Klarheit eines klassischen Rezeptes, aus dem heraus das möglich wird. Um Zeit zu gewinnen, müssen wir Gemüse, das lange gekocht werden muß, wie Karotten, Kohlrabi und Fenchel, weglassen. Lauch ersetzt die Zwiebel, zusammen mit schnell gekochten Nudeln wie Farfalle statt Maccheroni. Diesmal greife ich zu Dosen – Tomaten und Kidney-Bohnen – doch ich glaube, Sie werden überrascht sein, welch tolle Suppe man in so kurzer Zeit herstellen kann.

Servieren Sie die Suppe zum richtigen Zeitpunkt, um den vollen Geschmack des Gemüses einzufangen. Mit italienischem Weißbrot wird die Minestrone zu einer kompletten Mahlzeit.

1 Lorbeerblatt
1 Lauchstange
3 Stangensellerie
2 EL Olivenöl
175 g Landschinken, aufgeschnitten
1 Knoblauchzehe
2 kleine Zucchini
50 g Farfalle
1 kleine Dose Fleischtomaten (250 g)
1 kleine Dose weiße Bohnen (250 g)
Salz und frisch gemahlener schwarzer Pfeffer
4 Zweige glatte Petersilie als Garnierung
60 g geriebener Parmesan

Einen Liter Wasser zusammen mit einem Lorbeerblatt in einem großen, zugedeckten Suppentopf zum Kochen bringen. Vom Lauch die Wurzeln und die strohigen äußeren Blätter abschneiden und die Stange der Länge nach halbieren. Quer so dünnblättrig wie möglich schneiden. Mit der Sellerstange verfahren Sie ebenso. Den Lauch und die Sellerieschieben in einem Sieb unter fließendem kalten Wasser waschen.

Diese zwei Gemüsearten brauchen am längsten zum Kochen, deshalb werden sie getrennt von den anderen sautiert: Öl in einer Bratpfanne erhitzen, Lauch und Sellerie hinzugeben und pfeffern. Mit Folie abdecken und bei schwacher Hitze garen lassen.

Das Fett vom Schinken entfernen, erst in Streifen, dann quer in Würfel schneiden. In die Pfanne mit dem Gemüse geben. Knoblauch mit der flachen Klinge drücken, damit sich die Haut lockert, und schälen. Knoblauch mit der flachen Klinge zerdrücken und anschließend hacken. Knoblauch zum Gemüse geben und Folie wieder darüberlegen.

Die Enden der Zucchini abschneiden, der Länge nach vierteln, dann quer in 1 cm dicke Scheiben schneiden. In den Topf mit kochendem Wasser geben, nur wenig Pfeffer hinzufügen, denn durch den Schinken wird das Gericht ohnehin relativ salzig. Die Pasta einrühren und wieder zudecken.

Die Tomaten abtropfen lassen und den Jus zur Suppe geben. Tomaten grob hacken und hinzufügen. Die Bohnen aus der Dose mitsamt der Flüssigkeit unterrühren.

Jetzt sollten der Lauch und der Stangensellerie weich sein. Zusammen mit Schinken und Knoblauch in die Suppe rühren. Aufkochen und 3–4 Minuten ziehen lassen, damit sich die Aromen vermischen.

Lorbeer entfernen und Minestrone abschmecken. Salzen dürfte nicht nötig sein, da der Schinken schon salzig ist. In Suppenschalen schöpfen und mit einem Petersilienzweig garnieren. Geriebenen Parmesan getrennt dazu reichen.

In Kürze

1 In einem großen Suppentopf 1 Liter Wasser mit einem Lorbeerblatt zum Kochen bringen.

2 Lauch und Sellerie waschen und in Scheiben schneiden. Öl in einer Bratpfanne erhitzen. Gemüse dazugeben, pfeffern und mit Folie abdecken. Leicht kochen, bis sie weich sind.

3 Inzwischen Schinken würfeln und in die Pfanne geben. Anschließend Knoblauch schälen, hacken und ebenfalls hinzufügen.

4 Zucchini putzen, vierteln und in Scheiben schneiden. In den Topf mit kochendem Wasser geben, mit etwas Pfeffer würzen. Pasta einrühren und zudecken.

5 Tomaten abtropfen lassen und Jus zur Suppe geben. Tomaten grob hacken und hinzufügen. Bohnen einrühren, dann das Gemüse, Schinken und Knoblauch dazugeben.

6 Zudecken, aufkochen und 3–4 Minuten ziehen lassen.

7 Abschmecken, in Schalen schöpfen und mit Petersilienzweig garnieren. Geriebenen Parmesan dazu servieren.

Lachsschnitzel in Senfsauce

Vorbereitung: 10 Minuten

4 Portionen

Ich verwende selten eine Pfanne mit Antihaftbeschichtung: Das Essen bräunt nicht richtig, weil – wie der Name schon sagt – nichts haften bleibt. Hier aber ist so eine Pfanne unentbehrlich für das schnelle und fast fettlose Braten der dünnen Lachsscheiben. Dazu kommt noch eine rasch zubereitbare Sauce aus Sahne, Senf und Estragon – und schon haben wir eine unerwartete, aber klassische Kombination wie bei »Hummer Thermidor«.

Lassen Sie auf jeden Fall im Fischgeschäft die Gräten des Rückgrats entfernen, denn wenn Sie zu Hause mit der Pinzette ans Werk gehen, ist das eine harte Geduldsprobe.

Sie können das Rezept ganz einfach mit einem anderen Senf abwandeln – vielleicht mit einem mit Senfkörnern oder mit Orangengeschmack. Seeteufel anstelle von Lachs ist auch eine Möglichkeit.

1 großes Lachsfilet Haut, ungefähr 625 g
1 mittelgroße Möhre
ein wenig Butter
250 ml Sahne
1 kleiner Zweig Estragon
2 TL Dijonsenf oder nach Belieben mehr
Salz und frisch gemahlener schwarzer Pfeffer

In einer kleinen zugedeckten Kasserolle 5 Minuten vor Beginn Wasser und Salz zum Kochen bringen.

Die Möhre in Juliennestreifen schneiden; die Enden wegschneiden, die Schale kann daranbleiben. Schneiden Sie an einer Seite eine Scheibe ab, so daß die Stelle flach ist, und schneiden Sie die Möhre der Länge nach in möglichst dünnen Scheiben. Nehmen Sie 3–4 von diesen auf einmal und schneiden Sie diese in dünne Streifen. Im kochenden Wasser 4–5 Minuten weichkochen.

Inzwischen die Filets mit einem langen Küchenmesser bearbeiten. Schneiden Sie von sich weg in Richtung Schwanzende lange, ca. 1 cm breite Stücke; die Haut weglassen. Es sollten mindestens 8 Stücke sein. Salzen und pfeffern. Die beschichtete Pfanne erhitzen. Die Juliennestreifen abtropfen und zur Seite stellen. Die heiße Pfanne mit etwas Butter bepinseln und die Hälfte der Lachsstücke dazugeben. Bei starker Hitze 30–60 Sekunden leicht bräunen, wenden und die andere Seite 30–60 Sekunden länger bräunen. Braten sie zu lange, so fallen sie auseinander – sie sollten in der Mitte fast durchsichtig bleiben. Auf einen Teller legen und warm stellen, während Sie die anderen Stücke garen.

Die Sahne in die Pfanne geben und aufkochen. Inzwischen die Estragonblätter von den Stielen zupfen und grob hacken, so daß sie nicht zerquetscht werden. Senf in die Soße rühren – dadurch emulgiert sie und verdickt sich leicht. Gehackten Estragon, Juliennestreifen, Salz und Pfeffer dazugeben. Abschmecken.

Die Lachsschnitzel auf 4 vorgewärmten Tellern anrichten, die Sauce darübergießen. Es sieht hübsch aus, wenn ein bißchen rosa Lachs durchschimmert.

In Kürze

1 Wasser und Salz in einer kleinen, zugedeckten Kasserolle zum Kochen bringen.

2 Möhre putzen und in Juliennestreifen schneiden. 4–5 Minuten im Wasser kochen lassen.

3 Inzwischen Lachs in 1 cm breite Stücke schneiden, Haut entfernen. Würzen.

4 Pfanne erhitzen. Juliennestreifen abtropfen und zur Seite stellen. Heiße Pfanne mit Butter auspinseln, Hälfte der Schnitzel dazugeben und auf großer Flamme 30–60 Sekunden bräunen, wenden, auf der anderen Seite 30–60 Sekunden weitergaren. Wegstellen, die anderen Schnitzel ebenso zubereiten.

5 Sahne in der Pfanne zum Kochen bringen. Inzwischen Estragonblätter grob hacken. Senf, Estragon, Juliennestreifen, Salz und Pfeffer in die Sauce rühren und abschmecken.

6 Lachsschnitzel auf 4 vorgewärmten Tellern anrichten, Sauce darübergießen.

Farfalle mit Pilzen und Nüssen

Vorbereitung: 13 Minuten

4 Portionen

Das ist ein Rezept zum Verwöhnen, da selbst eine bescheidene Packung Shiitake-Pilze teuer kommt. Wenn Sie eine größere Menge zubereiten möchten, können Sie sie auch durch die gleiche Menge weißer Champignons ersetzen, und der intensive Geschmack wird nicht nachlassen. Es ist sogar besser, getrocknete Pilze dazuzugeben, die überraschend billig sind – besonders in Asienläden. Getrocknete Shiitake-Pilze sind gut, chinesische schwarze Pilze sind sogar noch besser. Am besten sind getrocknete Morcheln: Davon genügen schon einige wenige, um das ganze Gericht zu aromatisieren.

Um das erdige Aroma der Pilze noch zu unterstreichen, gebe ich einige geröstete Haselnüsse dazu. Suchen Sie nach geschälten Haselnüssen, sonst verbringen Sie nach dem Rösten einige Zeit damit, die Haut abzurubbeln. Da wir es hier mit einer sämigen Sauce zu tun haben, benötigen wir Nudeln mit einer Form, welche die Sauce aufnimmt und hält, wie Farfalle, Conchiglie, Fusilli – oder aber die bekannten Maccheroni. Wenn Sie glatte Nudeln oder Spaghetti nehmen, wird die Sauce einfach bis zum Boden der Schüssel durchsickern.

125 g Haselnüsse, geschält
60 g getrocknete Pilze, vorzugsweise Shiitake
500 g Farfalle
250 g frische Wald- und Wiesenpilze, wie Shiitake oder Pfifferlinge
2 Knoblauchzehen
45 g Butter
125 ml Weißwein
250 ml Sahne
Salz und frisch gemahlener schwarzer Pfeffer

Den Backofen 5–10 Minuten vor Beginn auf 200 Grad/Gas Stufe 3 vorheizen und einen großen Topf mit gesalzenem Wasser zugedeckt zum Kochen bringen.

Streuen Sie die Haselnüsse auf ein Backpapier und toasten Sie sie im vorgeheizten Backofen. Das dauert ca. 8–10 Minuten, wobei Sie die Nüsse gegen Ende zu im Auge haben sollten. Am besten vertrauen Sie Ihrer Nase – wenn Sie die Nüsse riechen, sind sie gar. Die getrockneten Pilze in einer kleinen Schüssel mit kochendem Wasser übergießen, so daß sie ganz bedeckt sind. Die Pasta ins restliche kochende Wasser geben und nicht zugedeckt 8–10 Minuten ziehen lassen. Ab und zu umrühren, und ehe es überkocht, den Schaum mit einem Löffel Öl reduzieren.

Die Stiele von frischen Pilzen entfernen (Shiitake-Stiele sind sehr zäh und müssen gleich unter den Köpfen abgeschnitten werden), und die Erde abwischen. Nur waschen, wenn sie sehr sandig sind; dabei kurz in kaltem Wasser einweichen und mit den Fingern wieder herausziehen, so daß der grobe Sand zurückbleibt. In großzügige Stücke schneiden.

Mit dem Messer die Knoblauchzehen leicht andrücken, damit sich die Schale löst, abschälen. Mit der flachen Klinge Knoblauch zerdrücken, dann kleinhacken.

Butter in einer großen Bratpfanne zerlassen. Inzwischen Pasta umrühren und auf die Haselnüsse achten. Die Nüsse ein wenig hin- und herrollen. Pilze, Knoblauch, Salz und Pfeffer in die Pfanne geben und umrühren. Bei großer Hitze sautieren. Inzwischen die getrockneten Pilze zubereiten. Abtropfen lassen, Stiele putzen und Köpfe zerkleinern. Zu den frischen Pilzen rühren und den Wein hinzufügen. Weitere 2–3 Minuten ziehen lassen, bis die Flüssigkeit fast ganz verdampft ist.

Inzwischen einen Blick auf die Pasta und die Haselnüsse werfen. Wenn die Nüsse braun sind, aus dem Backofen nehmen und in ein großes Stück Plastikfolie einschlagen. Mit dem Nudelholz ca. 5mal darüberrollen, einige dicke Stücke können bleiben. Die Pasta ist gar, wenn ein Probestück bißfest ist, also »al dente«. Abgießen und im Topf warm halten.

Die Sahne unter die Pilze rühren und die Sauce aufkochen. Abschmecken. Über die Pasta gießen, Haselnüsse hinzugeben und den Topf auf die Herplatte stellen. Nudeln 30–60 Sekunden kräftig durchmischen; wenn sie ganz heiß sind, kosten und nochmals abschmecken. Löffeln oder Gabeln aus Holz eignen sich am besten zum Mischen, da sie die Nudeln nicht zerreißen. In einer großen vorgewärmten Schüssel oder auf Tellern servieren.

In Kürze

1 Backofen 5–10 Minuten vor Beginn auf 200 Grad/Gas Stufe 3 vorheizen. Einen großen Topf mit gesalzenem Wasser zum Kochen bringen.

2 Nüsse auf einem Backblech verteilen und 8–10 Minuten rösten, bis sie braun sind.

3 Kochendes Wasser über getrocknete Pilze gießen und einweichen lassen. Pasta im restlichen Wasser 8–10 Minuten ziehen lassen, bis sie »al dente« sind.

4 Inzwischen die Stiele der frischen Pilze putzen (unten abschneiden), Kappen bürsten und in große Stücke schneiden. Knoblauch kleinhacken.

5 Butter in einer großen Bratpfanne zergehen lassen. Frische Pilze, Knoblauch, Salz und Pfeffer bei großer Hitze sautieren.

6 Getrocknete Pilze abgießen, Stiele putzen und Kappen in Stücke schneiden. Unter die frischen Pilze rühren, Wein beigeben und 2–3 Minuten ziehen lassen, bis die meiste Flüssigkeit verdunstet ist.

7 Wenn die Nüsse braun sind, herausnehmen. In Folie wickeln und leicht mit einem Nudelholz zerdrücken. Wenn Pasta gar ist, abgießen und wieder in den Topf geben.

8 Sahne unter die Pilze rühren, aufkochen und abschmecken. Mit den Nüssen zu den Nudeln geben. Erhitzen und 30–60 Sekunden gut unterrühren, bis es sehr heiß ist. Abschmecken und servieren.

Mongolischer Feuertopf

Vorbereitung: 15 Minuten

4 Portionen

Bei diesem Rezept, das eine vereinfachte Form des klassischen mongolischen Feuertopfs ist, wird ein großer Topf mit kochendem Wasser, das mit Ingwer und Salz gewürzt ist, auf ein Rechaud in der Mitte des Eßtisches gestellt. Jeder Gast erhält einen Teller mit reichlich rohem Rindfleisch, Jakobsmuscheln, Bohnenpaste und Gemüse, alles mit Stäbchen zum Eintauchen in den Feuertopf. Je weiter das Mahl fortschreitet, desto kräftiger wird der Topf durch die Gewürze. Zum Schluß kommen die wenigen, noch fehlenden Zutaten in den Topf, werden mit Nudeln gekocht, und als dampfende aromatische Köstlichkeit rundet die Suppe das Essen ab.

Um den Topf heiß zu halten, brauchen Sie eine starke Flamme – sie muß höher brennen als bei Fondue üblich. Wenn Sie diesbezüglich im Zweifel sind, so bitten Sie Ihre Gäste, erst das Fleisch und die Muscheln einzudippen. Kühlt das Wasser ab, kommen die Gewürze und die restliche Bohnenpaste in den Topf, dann wird er wieder auf die Flamme gesetzt und eine Minute gegart. Geben Sie dann Koriander und Vermicelli hinzu und kochen Sie sie eine weitere Minute, dann schöpfen Sie die köstliche Suppe in Suppenschüsseln und bringen sie zu Tisch.

Die Arbeitszeit hängt sehr von Ihrem Metzger ab und davon, ob er das Rindfleisch mit dem Elektroschneider auch wirklich hauchdünn schneidet. Heute, da Carpaccio *so in Mode ist – ebenfalls feinst geschnittenes Rindfleisch – sind wohl die meisten Metzger damit vertraut. Wenn nicht, so ist folgendes zu tun: Rollen Sie das Filetstück in Alufolie und lassen Sie es halb gefrieren, etwa 3 Stunden. Dann schneiden Sie es mit einem scharfen Messer so dünn wie möglich auf, immer diagonal zur Faserung.*

500 g rohes Rinderfilet, in sehr dünne Scheiben geschnitten
125 g Jakobsmuscheln
125 g Bohnenpaste
250 g gewaschener Babyspinat oder 1 großer Bund Brunnenkresse
1 kleiner Pak-Choi (ca. 375 g)
4 Frühlingszwiebeln
1 kleiner Bund frischer Koriander
45 g Reisnudeln

Für den Topf:
1 EL Salz
1 walnußgroßes Stück Ingwer

Für die Sauce:
125 g Tahina
2 TL dunkle Soyasauce
2 TL rote Chilipaste oder ein paar Tropfen Tabascosauce
4 TL Reis- oder Rotweinessig

Geben Sie 2 Liter Wasser und Salz in einen Topf und lassen Sie es zugedeckt kochen. Das sollte nicht länger als 10 Minuten dauern. Inzwischen Ingwer mit der Schale aufschneiden und in den Topf geben. Schneiden Sie immer gegen die Wuchsrichtung, das ergibt mehr Aroma. Wenn das Wasser kocht, abdrehen, damit nichts verdampft, während Sie die anderen Zutaten vorbereiten. Bleibt der Deckel auf dem Topf, kocht der Inhalt im Handumdrehen wieder, wenn Sie sich zu Tisch setzen.

Als nächstes bereiten Sie die einzelnen Zutaten vor: Nehmen Sie vier große Teller und arrangieren Sie die Filetscheiben an einer Seite, leicht in Falten gelegt. Trocknen Sie die Jakobsmuscheln mit Küchenkrepp. Sind es große Muscheln, so schneiden Sie jede quer in 2 Scheiben, kleine können Sie ganz lassen. Lassen Sie sie auf den Tellern überlappen. Die Bohnenpaste in große Würfel schneiden und auf den Tellern drapieren.

Vom Spinat alle Stiele entfernen und ebenfalls auf den Tellern anrichten. Brunnenkresse mit kaltem Wasser abspülen, trockenschütteln und Stiele entfernen. Blätter auf die Teller legen. Pak-Choi putzen, welke Blätter entfernen. Der Länge nach halbieren, jedes Blatt in ca. 2,5 cm breite Streifen schneiden. Auf die Teller geben. Frühlingszwiebeln putzen, etwas von den grünen Stielen daranlassen, auf die Teller legen. Sie bleiben im ganzen, können roh gegessen oder in den Topf gedippt werden, je nach Laune der Gäste.

Koriander kleinschneiden und in eine kleine Schüssel geben; er kommt mit den Reisnudeln zusammen in den Topf.

Für die Sauce Tahinapaste, Soyasauce, Chilipaste oder Tabasco und Essig in einer Schüssel glattrühren. 4 EL Wasser einrühren. Sauce kosten und abschmecken. Sie ist als Würze gedacht und kann mild, pikant oder scharf sein – ganz nach Belieben. Die Sauce in 4 kleine Dippschüsseln geben.

Den Topf mit dem Wasser – es sollte jetzt kochen – auf das Rechaud stellen. Stellen Sie die Hitze so ein, daß das Wasser leicht kocht. Versorgen Sie jeden Gast mit einem Teller mit Fleisch und Gemüse sowei mit Stäbchen und Sauce.

Rechaud
großer niedriger Topf
4 Paar Stäbchen

Dann bitten Sie Ihre Gäste, Fleisch, Muscheln, Bohnenpaste und Gemüse nach Belieben in den Topf zu halten, nach Geschmack zu garen und dann in die Sauce zu dippen. Ist die Flamme nicht sehr hoch, so sollten Ihre Gäste zuerst das Fleisch und die Muscheln garen. Gegen Ende des Essens kommen Koriander und Reisnudeln sowie die restlichen rohen Zutaten in den Topf, und die Suppe wird noch einmal aufgekocht. Vielleicht müssen Sie sie auf die Kochplatte setzen, damit sie richtig kocht. Nach einer Minute sind die Nudeln bißfest. Die kleine Pause zwischen den Gängen wird Ihren Gästen willkommen sein. Schöpfen Sie die Suppe in 4 Suppentassen und reichen Sie sie zum Ende der Mahlzeit. Die restliche Sauce kann in die Suppe gerührt werden, das macht sie würziger. Selbst diese einfache Version des mongolischen Feuertopfs ist ein Festessen.

In Kürze

1 Bringen Sie 2 Liter Wasser mit Salz und kleingeschnittenem Ingwer in einem zugedeckten Topf zum Kochen.

2 Filetscheiben auf 4 Tellern anrichten. Jakobsmuscheln trockentupfen und auf die Teller legen. Bohnenpaste in große Würfel schneiden, auf die Teller legen.

3 Spinatstiele entfernen. Brunnenkresse abspülen, trockenschütteln, Stiele wegzupfen. Pak-Choi putzen, in 2,5 cm breite Streifen schneiden. Frühlingszwiebeln putzen. Gemüse auf den Tellern arrangieren.

4 Koriander kleinschneiden, in eine Schüssel geben.

5 Für die Sauce Tahina, Soyasauce, Chilipaste oder Tabasco und Essig mit ca. 4 EL Wasser zusammenrühren; Zutaten nach Geschmack ergänzen. In 4 kleine Schüsseln verteilen.

6 Topf auf Rechaud auf den Tisch stellen. Auf jeden Platz 1 Teller mit Fleisch und Gemüse stellen, dazu Stäbchen und Saucenschüssel.

7 Gegen Ende des Essens Reisnudeln und Koriander in den Topf geben, 1 Minute leicht kochen lassen. Bei starkem Hitzeverlust während des Essens alle restlichen Zutaten in den Topf geben und am Herd gar kochen.

Pfannengerührte Reisnudeln mit Garnelen

Vorbereitung: 10 Minuten

4 Portionen

Nach vielen Jahren, in denen ich ausschließlich französische Küchengeräte verwendet hatte, probierte ich den Wok aus und war sofort begeistert. Die breite, abgerundete Oberfläche macht es leicht, eine ordentliche Portion zu kochen, und der Holzspachtel – mit abgerundeten, der Pfanne angepaßten Ecken – dient zugleich als Schöpfkelle.

Da die Hitze beinahe auf der Stelle durch das dünne Metall des Wok dringt, gehört das »Pfannenrühren« zu den schnellsten Techniken. Trotzdem, um unser 15-Minuten-Limit einzuhalten und die Vorbereitung zu verkürzen, verwenden Sie besser geschälte, vorgekochte Garnelen und vorbereitete Chilies. Am besten ist eine chinesische rote Chilipaste, aber getrocknete Chiliflocken gehen auch. Ungefähr ein halber Teelöffel voll reicht.

Für eine weniger teure Mahlzeit können Sie Filets von einem Weißfisch verwenden. In Streifen geschnitten, brauchen sie etwa eine Minute zum Garen – genau so lang, wie die Garnelen zum Erwärmen brauchen. Wenn man keine Reisnudeln bekommt, kann man auch frische Glasnudeln nehmen.

- 2 Knoblauchzehen
- 1 walnußgroßes Stück frischer Ingwer
- 5–7 Frühlingszwiebeln
- 3 EL Soyasauce oder nach Belieben mehr
- 1 TL rote chinesische Chilipaste oder nach Belieben mehr
- 375 g dünne Reisnudeln
- 4 EL Pflanzenöl
- 375 g kleine geschälte, gekochte Garnelen
- 1 TL orientalisches Sesamöl, nach Belieben auch mehr

Küchenmaschine
Wok
Holzspachtel

Einen mittelgroßen Topf mit gesalzenem Wasser zugedeckt 5–10 Minuten vor Beginn auf den Herd stellen und zum Kochen bringen.

Knoblauchzehen mit dem flachen Messer leicht pressen, damit sich die Haut lockert, und sie entfernen. Ich schäle den Ingwer nicht, sondern schneide ihn einfach in Stücke. Nun die Wurzeln und zähen grünen Enden der Frühlingszwiebeln abschneiden und die grünen Teile in 1 cm dicke Scheiben schneiden. Ein schräger Schnitt ergibt attraktivere Stücke. Die weißen Teile der Zwiebeln mit dem Knoblauch und dem Ingwer in die Küchenmaschine geben. 15–30 Sekunden hacken. Die Sojasauce und die Chilipaste in einer kleinen Schüssel verrühren. Das Wasser sollte jetzt kochen. Nudeln hineingeben, umrühren und 1–2 Minuten kochen lassen, bis sie bißfest sind.

Inzwischen mit dem Pfannenrühren beginnen: Pflanzenöl entlang der Seiten des Wok gießen und ungefähr 10 Sekunden erhitzen, bis es zu rauchen beginnt. Sofort die Mischung aus Knoblauch, Ingwer und Frühlingszwiebeln mit den Garnelen hinzugeben. Mit einem Holzspachtel 45 Sekunden bis 1 Minute in der Pfanne rühren, bis man die Zutaten riecht. Den Wok vom Herd nehmen, bis die Nudeln gar sind. Abgießen, in den Wok geben und wieder erhitzen. Mit dem Spachtel und einem Löffel 1–2 Minuten durchrühren, bis die Garnelen und die Nudeln sehr heiß sind. Um die heiße Oberfläche optimal zu nützen, verteilen Sie die Zutaten nach oben an die Seiten.

Schließlich die Sojasauce und Chilipaste hinzugeben und 20–30 Sekunden rühren, damit sich die Aromen verbinden. Die grünen Scheibchen der Frühlingszwiebeln hinzugeben und mit Sesamöl beträufeln. Umrühren und kosten. Nach Belieben mehr Soja, Chilipaste oder Sesamöl hinzufügen. Sofort servieren, wenn es noch sehr heiß ist und duftet!

Pfannengerührte Reisnudeln mit schwarzen Pilzen

Schwarze chinesische Pilze ergeben in diesem vegetarischen Rezept einen schönen Kontrast zum Weiß der Reisnudeln. In obigem Rezept die Garnelen durch 15 g getrocknete chinesische Pilze ersetzen. Wenn Sie mit der Vorbereitung beginnen, die Pilze großzügig mit kochendem Wasser bedecken und einweichen lassen. Die Blätter von einem kleinen Bund Koriander hacken. Wenn das aromatische Gemüse gehackt ist, Pilze abtropfen lassen und in Scheiben schneiden. Das Rezept wie beschrieben ausführen, die Pilze statt der Garnelen kräftig rühren und den gehackten Koriander zuletzt unterrühren.

In Kürze

1 Bringen Sie 5–10 Minuten vor Beginn einen Topf mit Salzwasser zum Kochen.

2 Knoblauch schälen und Ingwer ungeschält in Stücke schneiden. Den grünen Teil der Frühlingszwiebeln schräg in Scheiben schneiden. Knoblauch, Ingwer und den weißen Teil der Frühlingszwiebeln in einer Küchenmaschine hacken. Mit Chilipaste und Sojasauce verrühren.

3 Wenn das Wasser kocht, Nudeln hineingeben und 1–2 Minuten ziehen lassen, bis sie weich sind, aber noch Biß haben. Inzwischen Pflanzenöl rund um den Rand des Wok gießen und 10 Sekunden erhitzen. Die Mischung aus Knoblauch, Ingwer und Frühlingszwiebeln mit den Garnelen hineingeben und 45–60 Sekunden unter Rühren braten. Abgetropfte Nudeln dazugeben und kräftig schwenken und rühren, bis alles sehr heiß ist.

4 Sojasauce und Chilipaste dazugeben und weitere 20–30 Sekunden heftig rühren, damit sich die Aromen vermischen. Mit Sesamöl beträufeln und das Grün der Frühlingszwiebeln daruntermischen. Sofort servieren.

Offenes Omelett mit geräuchertem Schellfisch

Vorbereitung: 10 Minuten

4 Portionen

Ich kann nicht verstehen, warum offene Omeletts nicht beliebter sind, wo sie sich doch viel einfacher herstellen lassen als die üblichen gerollten oder flachen Eierkuchen. Dieses Rezept ist ein gutes Beispiel dafür: Die Eier werden mit der Füllung vermischt, in unserem Fall zerteilter, geräucherter Schellfisch, und in einer großen Pfanne gebraten. Anschließend werden sie mit geriebenem Käse bestreut und im Backofen gebräunt – ohne heikles Einrollen oder gar Wenden in der Luft.
Alle Aromastoffe mischen sich gut mit der opulenten Eimasse. Schellfisch kann durch geräucherten Lachs oder Makrele ersetzt werden. Weiter unten stelle ich auch eine »ländliche« Variante des Omeletts vor, mit Schinken-Croûtons und Sauerampfer. Ein offenes Omelett ist wie dafür geschaffen, Reste von gekochtem Fisch und Gemüse zu verwerten. Dazu grüner Salat und knuspriges Baguette – und ein Abendessen steht auf Ihrem Tisch.

375 g geräucherte Schellfischfilets
250 ml Milch
8 Eier
60 g geriebener Parmesan
30 g Butter
125 ml Sahne
Salz und frisch gemahlener schwarzer Pfeffer

Omelett- oder Bratpfanne mit 30 cm Durchmesser

Den Grill 5 Minuten vor Beginn vorheizen.
Schellfisch mit der Hautseite nach oben zusammen mit der Milch in einen Kochtopf geben. Zudecken und 2–3 Minuten schwach kochen lassen, bis sich der Fisch leicht zerteilen läßt. Milch wird bei der Zubereitung von geräuchertem Fisch oft verwendet, weil sie Salz entzieht und für einen milderen Geschmack sorgt.
Inzwischen die Eier in einer Schüssel aufschlagen, pfeffern und ca. 30 Sekunden schaumig schlagen. Salz erhält die Masse durch den Fisch und den Käse.
Den Fisch abtropfen lassen und auf einem kalten Teller zerteilen, wieder mit der Hautseite nach oben. Es bleibt keine Zeit zum Auskühlen, also den Fisch mit zwei Gabeln häuten, zerteilen und die Gräten mit den Fingern entfernen. Den Fisch und die Hälfte des geriebenen Käses unter die Eier rühren.
Butter in eine Bratpfanne geben und erhitzen, bis sie braun wird. Die braune Butter gibt Aroma, aber was noch wichtiger ist: Die heiße Butter bewirkt, daß die Eier schnell braten und weniger leicht an der Pfanne kleben bleiben. Halten Sie eine Gabel zum Umrühren bereit.
Die Eimasse zur gebräunten Butter geben und mit der Gabelfläche 20–30 Sekunden rühren, bis die Eier stocken.
Die gebratenen Ränder zur Mitte schieben, dabei die Pfanne kippen, damit die noch rohe Masse an den Rand läuft. Weiterrühren, bis die Eier auf der Unterseite fest sind, auf der Oberseite aber noch weich. Etwa 20 Sekunden stehenlassen, bis die Unterseite zu bräunen beginnt.
Pfanne vom Herd nehmen, Sahne über die Eier leeren und mit dem restlichen Parmesan bestreuen. Das Omelett auf der höchsten Einschubleiste bräunen lassen. Mir schmeckt das Omelett am besten, wenn die Eier ziemlich weich sind. Wenn Sie sie mehr gebraten möchten, grillen Sie sie ein wenig länger auf einer niedrigeren Einschubleiste.
In Tortenstücke schneiden und sofort servieren.

Offenes Omelett nach Bauernart

Dieses Rezept ist ein echter Klassiker. Ich habe Brotwürfel durch Kartoffeln ersetzt, weil sie schneller gar sind, und habe die Oberseite mit Käse bestreut. Lassen Sie im obigen Rezept Schellfisch, Sahne und Milch weg. Ersetzen Sie den Parmesan durch Gruyère.
125 g dick geschnittenen Räucherschinken würfeln. 1 TL Butter in einer großen Bratpfanne zerlassen und den Schinken bei großer Hitze braten, bis er schön braun ist.

Inzwischen Krusten von 3 Scheiben Weißbrot entfernen und das Brot würfeln. Das Brot zum Schinken geben und unter ständigem Rühren braun werden lassen. Pfanne vom Herd nehmen.

Die Blätter eines kleinen Bundes Sauerampfer oder Rucola oder Spinatblätter von den Stielen lösen, kleinhacken und unter die Ei-Schinken-Masse mischen.

Das Omelett wie beschrieben braten und den gesamten Käse über das Omelett streuen, statt ihn zur Hälfte unter die Eimasse zu mischen.

In Kürze

1 Grill 5 Minuten vor Beginn vorheizen.

2 Schellfisch mit Hautseite nach oben 2–3 Minuten in der Milch schwach kochen lassen, bis er leicht zerfällt. Abtropfen und zerteilen, Haut und Gräten entfernen.

3 Inzwischen Eier mit Pfeffer, ohne Salz, schaumig schlagen. Fisch und die halbe Menge des Käses in die Eimasse rühren.

4 Butter in der Pfanne zerlassen. Erhitzen, bis sie braun wird. Eier hineingeben, unter ständigem Rühren braten, bis sie unten leicht stocken. Unterseite 30 Sekunden bräunen.

5 Pfanne vom Herd nehmen, Sahne über die Eier gießen und restlichen Käse darüberstreuen. Omelett 2 Minuten auf oberster Einschubleiste grillen, bis es braun ist. In Tortenstücke schneiden und sofort servieren.

Piccatine vom Kalb mit Pilzen und Marsala

Vorbereitung: 11 Minuten

4 Portionen

Piccatine *ist der venezianische Name für kleine Schnitzel aus Kalbfleisch, die ganz dünn geschnitten werden. Pro Person rechnet man mit 3 bis 4 Stück. Sie können sie aus größeren Schnitzeln schneiden, wie ich es hier vorschlage, oder Ihr Metzger hat einige günstige Stücke anzubieten. Kaufen Sie immer erste Qualität. Die Schnitzel sollten feucht, leicht rosa und fein gemasert sein. Das zeigt, daß sie von der Oberseite oder von der Silberseite geschnitten wurden. Das beste Schnitzel mag Ihnen teuer vorkommen, doch von nichts kommt nichts: Das Fleisch von anderen Stellen des Tieres ist zäh und geschmacklos und daher nicht zu empfehlen.*

Ich bereite das Gericht oft mit Schweinefilet zu, das günstiger und leichter zu bekommen ist. In diesem Fall das Fett vom Fleisch abschneiden und schräg ganz dünn schneiden. Sie erhalten Scheiben, die genau die richtige Größe für eine Piccatine *haben. Eine Idee zum Schluß: Was halten Sie von entbeinten Hähnchenbrüsten? Sie sind ähnlich einfach schräg zu schneiden, und sie kochen genauso gut und werden nicht so trocken wie eine ganze Brust.*

Marsala gehört traditionellerweise zu diesem italienischen Gericht, kann aber durch einen halbtrockenen Sherry ersetzt werden. Ich hoffe, Sie haben noch genug Zeit, etwas Reis zu dieser köstlichen Sauce zu kochen. Rot- oder Weißwein eignen sich gleichermaßen als Getränk; um ein authentisches italienisches Flair zu erzielen, empfehle ich jedoch zum Beispiel einen Pinot Grigio oder einen Chianti Classico.

In fünfzehn Minuten auf dem Tisch

Piccatine vom Kalb mit Pilzen und Marsala

4 Kalbsschnitzel (ungefähr 500 g)
125 g Pilze
60 g Mehl
1 TL Salz oder nach Belieben mehr
½ TL Pfeffer oder nach Belieben mehr
60 g Butter
125 ml trockener Marsala
125 ml Sahne

Die Stiele der Pilze in der Höhe der Kappen abschneiden. Die Kappen mit einem feuchten Tuch abwischen. Wenn sie sandig sind, waschen: In eine große Schüssel mit kaltem Wasser drücken, schwenken, damit sich der Sand ablöst. Mit den Händen herausheben. Mit der Stielseite nach unten auf ein Schneidbrett legen, dünnblättrig schneiden und in eine Schüssel geben.

Das Hackbrett mit einer Plastikfolie überziehen. Die Schnitzel flach darauflegen und mit einer zweiten Folie abdecken. Den Boden einer kleinen, schweren Stielkasserolle anfeuchten und die Schnitzel damit flachdrücken. Nicht übertreiben: Sie sollen gleichmäßig dick sein, ohne daß die Fleischfasern zerstört werden. In 3–4 Stücke schneiden.

Mehl auf einen Teller leeren, Salz und Pfeffer dazugeben und mit den Fingern durchmischen.

Die halbe Menge Butter in einer großen Bratpfanne bei hoher Hitze zergehen lassen. Ein paar der Piccatine in das Mehl legen, wenden und mit den Fingern das Mehl festklopfen. Sobald die Butter nicht mehr spritzt, die Piccatine in die Pfanne legen. Sie sollten einander nicht berühren und müssen schnell abgebraten werden, damit sie bräunen, ohne daß Fleischsaft austritt. 30–60 Sekunden bräunen lassen, während die restlichen Stücke bestäubt werden. Wenden und 30–60 Sekunden länger auf der anderen Seite bräunen. Auf einen vorgewärmten Teller legen und die restlichen Piccatine abbraten. Ein wenig mehr Butter dazugeben, wenn die Pfanne trocken wird. Alle Piccatine auf den Teller legen.

Die restliche Butter in der Pfanne zergehen lassen und die Pilze mit etwas Salz und Pfeffer hineingeben. Ungefähr 2 Minuten unter ständigem Rühren garen lassen, bis sie weich sind. Sie werden Flüssigkeit verlieren, die man reduzieren sollte, bis sie ziemlich trocken sind.

Marsala dazugeben und ziehen lassen. Ständig rühren, damit sich der angelegte Belag vom Boden der Pfanne löst, und auf die halbe Menge einkochen. Die Sahne einrühren und aufkochen lassen. Durch das Mehl, mit dem die Piccatine gestäubt wurden, werden die Zutaten leicht eindicken und eine sämige Sauce ergeben.

Die Piccatine wieder in die Sauce legen und ungefähr 1 Minute leicht erhitzen, aber nicht länger, da sie sonst zäh werden und ihren Saft verlieren. Die Sauce abschmecken. Die Piccatine auf 4 vorgewärmten Tellern anrichten. Die Pilze und die Sauce darüberlöffeln.

In Kürze

1 Pilzstiele abschneiden, die Kappen abwischen und dünnblättrig aufschneiden. Schnitzel zwischen zwei Lagen Plastikfolie leicht flachdrücken und in 3–4 Stücke schneiden. Auf einem Teller Mehl mit Salz und Pfeffer vermischen.

2 Die halbe Menge Butter in einer Bratpfanne erhitzen. Inzwischen einige Piccatine mit Mehl bestäuben. In die Pfanne geben und 30–60 Sekunden abbraten, bis sie braun werden. Wenden und die andere Seite bräunen. Währenddessen die restlichen Piccatine bestäuben. Die gebräunten Piccatine auf einen Teller geben und die restlichen abbraten. Weitere Butter dazugeben, wenn die Pfanne trocken wird. Die restlichen Piccatine auf den Teller legen.

3 Die restliche Butter in der Pfanne zergehen lassen und Pilze mit Gewürzen dazugeben. Bei hoher Hitze ungefähr 2 Minuten garen lassen. Ständig rühren, bis alle Flüssigkeit verdampft ist.

4 Marsala dazugeben und ziehen lassen; ständig rühren, bis die Flüssigkeit in der Pfanne auf die Hälfte reduziert ist. Sahne einrühren und aufkochen lassen. Sie dickt leicht ein und ergibt eine sämige Sauce.

5 Piccatine ungefähr 1 Minute erwärmen und die Sauce abschmecken.

Thunfischsteak »Marchand de Vin«

Vorbereitung: 10 Minuten

4 Portionen

In Frankreich steht der kulinarische Begriff Marchand de Vin *für die dort übliche Art, ein saftiges Entrecôte vom Rind mit einem Schuß Rotwein sowie mit Schalotten und Kräutern in der Pfanne zu braten. Da Thunfisch praktisch das »Steak« der neunziger Jahre ist, warum es nicht einmal einer ähnlichen Behandlung unterziehen – das Resultat überzeugt sicher auch Sie!*
Schwertfisch ist eine Alternative zum Thunfisch, und der Estragon kann durch Ihre Lieblingskräuter ersetzt werden. Schnittlauch, Kerbel und Dille sind ganz besonders geeignet. Das einzige, worauf Sie achten müssen, ist, keine Bratpfanne aus Gußeisen oder Aluminium zu benützen, sonst stehen Sie am Ende mit einer grauen, metallisch wirkenden Sauce da.
Zu Fisch wird normalerweise Weißwein gereicht, doch dieses Essen verträgt auch einen Rotwein gut, wenn nicht sogar besser. Ein Rotwein aus dem Loire-Gebiet, leicht gekühlt, wäre eine gute Wahl. Wenn Sie Zeit haben, wäre Chicoréesalat mit Ziegenkäse auf Toast (siehe Seite 87) eine ideale Beilage.

4 Thunfischsteaks (ungefähr 625 g im ganzen)
60 g gekühlte, ungesalzene Butter
2 Schalotten
1 kleiner Bund Estragon
2–3 Petersilienzweige
250 ml Rotwein
Salz und frisch gemahlener schwarzer Pfeffer

Butter in Würfel schneiden. Einen Würfel in einer schweren Bratpfanne zergehen lassen und erhitzen, bis die Butter aufschäumt. Inzwischen die Thunfischsteaks auf jeder Seite mit Salz und Pfeffer bestreuen. In die Pfanne geben und bei ziemlich großer Hitze ungefähr 2 Minuten sautieren.

Inzwischen die Schalotten schälen, ein wenig von der Wurzel daranlassen. Wenn sie keine flache Seite haben, von einer Seite eine dünne Scheibe abschneiden. Mit der flachen Seite nach unten legen und sehr dünnblättrig schneiden. Wenn Sie Zeit haben, eine zweite Schalotte schneiden, je mehr, desto besser.

Steaks wenden und 1–2 Minuten die andere Seite bräunen. Die Kräuter von den Stielen zupfen. Wieder nach dem Thunfisch sehen: in der Mitte mit einem Messer probieren – wenn Sie sie wirklich blutig haben wollen, sollten sie außen kroß und in der Mitte noch weich und durchscheinend sein.

Den Thunfisch auf eine vorgewärmte Platte geben, zudecken und warm stellen. Von den Kräutern alle Blätter zusammen hacken. Wird der Estragon mit der Petersilie gemischt, so wird er weniger leicht gequetscht und weniger bitter.

Die Sauce zubereiten: Die Schalotten in die Bratpfanne geben und ungefähr 1 Minute sautieren, wenn sie noch Biß haben sollen, oder 2 Minuten, wenn sie eher weich sein sollen. Den Rotwein dazugeben und kräftig kochen, bis sich die Flüssigkeit um die Hälfte reduziert hat.

Nun die Sauce über die auf 4 vorgewärmten Tellern angerichteten Steaks gießen.

In Kürze

1 Butter in Würfel schneiden und einen Würfel bis zum Aufschäumen in einer schweren Bratpfanne erhitzen.

2 Thunfischsteaks würzen, in die Pfanne legen und bei ziemlich hoher Hitze ungefähr 2 Minuten sautieren.

3 Inzwischen Schalotten schälen und dünnblättrig schneiden. Steaks wenden und ungefähr 1–2 Minuten die andere Seite bräunen. Kräuter von den Stielen zupfen.

4 Mit einem kleinen Messer die Steaks in der Mitte probieren, nach Belieben roh oder medium garen. Auf einen vorgewärmten Teller legen, zudecken und warm halten. Kräuter hacken.

5 Schalotten in die Pfanne geben und unter ständigem Rühren 1–2 Minuten sautieren. Wein dazugeben, kräftig kochen, bis sich die Flüssigkeit um die Hälfte eingekocht hat.

6 Vom Herd nehmen, übrige Butter unterschlagen, bis sie weich wird und die Sauce leicht eindickt. Gehackte Kräuter unterrühren und abschmecken.

7 Steaks auf 4 vorgewärmten Tellern anrichten und Sauce darüberlöffeln.

Würziges Pfannengericht auf indonesische Art

Vorbereitung: 12 Minuten

4 Portionen

Ich liebe Rezepte, die sich leicht durch unterschiedliche Zutaten verändern lassen. Dieses ist offenbar eines davon, da sowohl Hähnchen, Schwein als auch Rind hervorragend mit der gleichen Gewürzmischung kombiniert werden können. Achten Sie darauf, daß Sie ein gutes Stück bekommen, das kaum mehr pariert werden muß – zum Beispiel Hähnchenbrüste, Schweinekarree oder Filetsteak. Zu dem Rezept gehört ein schmackhafter Salat aus knackigen Gurken. Gekochter Reis, vielleicht mit einigen gerösteten Erdnüssen bestreut, wäre eine klassische Beilage.

750 g Hähnchenbrüste ohne Knochen oder Filetsteaks, 2 cm dick geschnitten, oder Schweinekarree ohne Knochen
2 Knoblauchzehen
½ TL gehackte, getrocknete rote Chilischoten
2 TL geriebener Koriander
2 TL geriebener Ingwer
3 EL dunkle Sojasauce
3 EL Reisessig
2 EL Erdnuß- oder Pflanzenöl

Für den Gurkensalat:
1 große Gurke
1 kleiner Bund frischer Koriander
250 ml reiner Joghurt
Salz und frisch gemahlener schwarzer Pfeffer

Wok
Holzspachtel

Die Gurke mit einem Sparschäler schälen, der Länge nach halbieren und die Samen herauskratzen. Hälften auf ein Schneidbrett legen und so dünn wie möglich schneiden.
Die Korianderblätter von den Stielen zupfen, 4 Zweige zur Garnierung übriglassen, den Rest grob hacken. Die Gurke mit Joghurt und gehacktem Koriander in einer großen Schüssel vermengen, mit Salz und Pfeffer abschmecken und beiseite stellen.
Die Gewürzmischung zubereiten: Knoblauchzehen schälen, zerdrücken und fein hacken. Zusammen mit Chili, geriebenem Koriander, Ingwer, Sojasauce und Essig in eine Schüssel geben und gut vermischen. Beiseite stellen.
Wenn Sie Hähnchenbrüste verwenden, zuerst die Haut entfernen. Der Länge nach in 2–3 Streifen, dann 2,5 cm dicke Würfeln schneiden. Wenn Rindfleisch verwendet wird, das Fett und die Sehnen entfernen. Das Fleisch in 2 cm dicke Würfel schneiden. Beim Schwein Fett entfernen und zuerst in 2,5 cm dicke Scheiben, dann in 2,5 cm dicke Würfel schneiden. Die Stücke sollten etwa gleich groß werden, damit sie gleichmäßig garen.
Den Wok bei sehr großer Hitze 15 Sekunden erhitzen, dann das Öl entlang der Seite gießen und erhitzen. Fleisch hineingeben und rund 2 Minuten bei hoher Hitze garen lassen. Ständig umrühren, bis die Fleischstücke leicht gebräunt sind.
Die Gewürzmischung dazugeben und 30–60 Sekunden, je nach Art des Fleisches, kräftig rühren. Hähnchen und Schwein sollten gut durch und das Rindfleisch in der Mitte noch roh sein.
Den Gurkensalat auf 4 Tellern anrichten, das Pfannengericht dazugeben und vor dem Servieren jeweils mit einem Korianderzweig garnieren. Etwaige Beilagen können separat dazu gereicht werden.

Thailändisches Pfannengericht mit Salat aus Brunnenkresse

Nur eine kleine Änderung beim Würzen ruft die frischen und lebendigen Aromen Thailands wach. Brunnenkresse gibt dem Ganzen eine knackige Konsistenz; dunkles Sesamöl mildert das Aroma.
In obigem Rezept ersetzen Sie den geriebenen Koriander und Ingwer durch 2 Stiele Zitronengras. Die strohige äußere Blatthülle wegschneiden und die Stiele quer in 5 mm breite Scheiben schneiden.
Zu der Gewürzmischung geben und das Pfannengericht wie oben beschrieben beenden.
Für den Salat 3 Eßlöffel Pflanzenöl, 1 Eßlöffel Reisessig, 1 Teelöffel dunkles Sesamöl, Salz und Pfeffer aufschlagen. Einen mittleren Bund Brunnenkresse waschen und trocknen. Die Stiele abdrehen. Die Blätter der Brunnenkresse in einer Schüssel mit dem Dressing und 1 Eßlöffel Sesamsamen abmischen.
Servieren Sie das Pfannengericht mit dem Salat an der Seite oder darunter, wenn sie möchten, daß die Brunnenkresse ein wenig weich wird.

In Kürze

1 Gurkensalat zubereiten: Gurke schälen, der Länge nach halbieren und Samen herauskratzen. Dünnblättrig schneiden und in eine Schüssel geben. Korianderblätter hacken, 4 Zweige für die Garnierung aufbewahren. Gehackten Koriander mit Joghurt, Salz und Pfeffer zu den Gurkenscheiben geben. Gut vermischen, abschmecken und beiseite stellen.

2 Gewürzmischung zubereiten: Knoblauch schälen und hacken. In einer Schüssel mit gemahlenem Koriander, Ingwer, Sojasauce und Essig verrühren. Beiseite stellen.

3 Wenn Hähnchenbrüste verwendet werden, die Haut entfernen und in 2,5 cm dicke Würfel schneiden. Bei Rind oder Schwein Fett und Sehnen entfernen und würfelig schneiden.

4 Zum Pfannenrühren: Öl in einem Wok erhitzen, bis es zu rauchen beginnt. Hähnchen oder Fleisch dazugeben und ungefähr 2 Minuten unter ständigem Rühren braten, bis es leicht gebräunt ist.

5 Gewürzmischung dazugeben und 30–60 Sekunden weiterrühren, je nachdem, ob das Fleisch rot oder durch sein soll.

6 Gurkensalat auf 4 Teller verteilen, Gargut aus der Pfanne dazugeben und jeden Teller mit einem Korianderzweig garnieren. Beilagen separat dazu servieren.

Pikantes Steak mit Tomaten

Vorbereitung: 9 Minuten

4 Portionen

Dieses Rezept, auch bekannt als »Steak Diane«, wurde im Restaurant Dorchester kreiert. Es ist darauf ausgerichtet, auf einem Geridon im Speisesaal gegart und daher mit Cognac flambiert zu werden. Der Geschmack des Steaks ist weniger wichtig als die Tatsache, daß es mürbe ist. Am besten verwenden Sie Steaks, die vom dünnen hinteren Ende des Filets geschnitten werden. Zwei pro Person reichen, für gewöhnlich sind sie nicht so teuer wie ein einzelnes Filetsteak. Sie sollten am besten gleich vom Metzger geklopft werden. Kochen Sie frische Pasta als Beilage.

8 Steaks (ungefähr 750 g), geklopft
2 Frühlingszwiebeln
3–4 Petersilienzweige
1 große Tomate
1 EL Öl
15 g Butter
3 EL Cognac
1 EL Worcestershire-Sauce
250 ml Rinder- oder Gemüsefonds
Salz und frisch gemahlener schwarzer Pfeffer

Einen kleinen tiefen Topf voll mit Wasser 5–10 Minuten vor Beginn auf den Herd stellen, zudecken und zum Kochen bringen.
Die Frühlingszwiebeln putzen und in sehr dünne schräge Scheiben schneiden. Die Petersilienblätter von den Stielen zupfen und hacken.
Die Tomate mit der Spitze des Messers ausschneiden. In das kochende Wasser geben und langsam bis 10 zählen. Die Haut sollte sich vom Schnitt rund um den Stilansatz abschälen. Wenn nicht, wieder bis 5 zählen, dann die Tomate abtropfen lassen und unter fließendes kaltes Wasser halten. Die Haut wird sich nun leicht abziehen lassen. Halbieren, in Scheiben und diese anschließend in Würfel schneiden. Die Würfel grob hacken.
Öl und Butter in einer Bratpfanne erhitzen, bis die Butter aufschäumt. Die Steaks mit Salz und Pfeffer bestreuen. Die Hälfte davon in die Bratpfanne geben und bei hoher Hitze 30–60 Sekunden braten, bis sie braun sind. Wenden und die andere Seite 30–60 Sekunden bräunen. Einstechen, um sicherzugehen, daß sie in der Mitte noch roh sind. Auf eine vorgewärmte Platte legen und warm halten, während der Rest gebräunt wird. Herausnehmen und das überschüssige Fett abgießen. Cognac hinzugeben und anzünden. Die Pfanne wieder auf den Herd stellen und so lange kochen lassen, bis die Flammen verlöschen. Die Frühlingszwiebeln in die Pfanne geben und 30 Sekunden kochen lassen, bis sie weich sind. Die Tomatenwürfel zusammen mit Worcestershire-Sauce, Fonds, Salz und Pfeffer unterrühren und aufkochen lassen. Die Steaks wieder hineingeben, mit Sauce begießen und 1 Minute garen lassen.
Die Steaks auf 4 vorgewärmten Tellern anrichten. Petersilie in die Sauce rühren, abschmecken und kurz eindicken lassen. Sauce über die Steaks löffeln und sofort servieren.

In Kürze

1 Einen kleinen tiefen Topf voll mit Wasser 5–10 Minuten vor Beginn zum Kochen bringen.

2 Zwiebeln putzen und schräg in sehr dünne Scheiben schneiden. Petersilienblätter von den Stielen zupfen und hacken. Tomate ausschneiden, schälen, Samen entfernen und hacken. Kochendes Wasser verwenden, um die Haut zu lösen.

3 Öl und Butter in einer Bratpfanne erhitzen. Steaks würzen. Die halbe Menge in die Pfanne geben und bei hoher Hitze 30–60 Sekunden braten, bis sie braun sind. Wenden und die andere Seite bräunen. Sie sollten in der Mitte noch roh sein. Auf eine vorgewärmte Platte legen und die übrigen Steaks braten.

4 Pfanne vom Herd nehmen, überschüssiges Fett abgießen, Cognac hinzugeben und flambieren.

5 Pfanne wieder auf den Herd stellen, Frühlingszwiebeln hineingeben und 30 Sekunden sautieren, bis sie weich sind. Tomatenwürfel, Worcestershire-Sauce, Fonds, Salz und Pfeffer unterrühren und aufkochen lassen. Steak wieder hineingeben, mit der Sauce begießen und 1 Minute erhitzen.

6 Steaks auf vorgewärmten Tellern anrichten, Petersilie in die Sauce rühren, abschmecken und über die Steaks löffeln.

Siehe Seite 1

Kedgeree

Vorbereitung: 14 Minuten

4 Portionen

Kedgeree ist eine leuchtend goldgelbe Mischung aus Reis und geräuchertem Fisch, gewürzt mit Curry und frischen Kräutern. Auf Jahre hinaus war das der Hit meiner Einladungen, da man es gut in großen Mengen für einen gemütlichen Sonntagsbrunch vorbereiten konnte. Ich war sehr stolz darauf, bis ich nach Indien kam und das Original kostete – ein dunkler, durchdringender Geschmack nach aromatischen Gewürzen und Räucherfisch, der kräftig genug war, die Hitze auszuhalten, und dazu einfacher, unpolierter Reis. Wenngleich sich dieses unvergleichliche Geschmackserlebnis unmöglich wiederholen läßt, hoffe ich doch, daß Ihnen diese mildere koloniale Version auch zusagen wird. In England wird dafür traditionellerweise geräucherter Kabeljau genommen, doch geräucherte Heringe und Lachs sind akzeptable Alternativen.

300 g weißer Langkornreis
500 ml Milch
750 g geräuchertes Kabeljaufilet (ersatzweise Schellfisch oder Dorsch)
1 Zwiebel
45 g Butter
1 kleiner Bund frischer Koriander oder Petersilie
1 EL Currypulver
125 ml Sahne
Salz und frisch gemahlener schwarzer Pfeffer
Cayennepfeffer nach Belieben

Einen großen Topf mit gesalzenem Wasser zugedeckt 5–10 Minuten vor Beginn zum Kochen bringen. Reis einrühren und 10–12 Minuten bei niedriger Hitze kochen lassen.

Die Milch bei mittlerer Hitze in einer Pfanne erhitzen. Den Fisch in 2–3 Stücke schneiden. Mit der Hautseite nach oben in die Pfanne legen. Aufkochen und 2–3 Minuten bei niedriger Hitze kochen lassen, bis er zu zerfallen beginnt.

Ein Drittel der Butter in einer Bratpfanne bei niedriger Hitze zergehen lassen. Zwiebel schälen, der Länge nach halbieren und dünnblättrig schneiden. Zur Butter geben und bei mittlerer Hitze 1–2 Minuten sautieren.

Den Fisch probieren und wenn er gar ist, vom Herd stellen. Abtropfen und auf einem Teller auskühlen lassen. Dann das Fleisch mit einer Gabel zerteilen und die Gräten entfernen. Noch einmal den Reis umrühren.

Den Koriander oder die Petersilie von den Stielen zupfen und hacken. Ein paar Reiskörner mit der Gabel herausnehmen und probieren. Sie sollten Biß haben, aber in der Mitte nicht zäh sein. In einem Sieb abtropfen lassen und sorgfältig mit heißem Wasser spülen. Den Topf ausleeren, die übrige Butter hineingeben und zergehen lassen. Den Reis wieder dazugeben und bei sehr niedriger Hitze stehenlassen.

Das Currypulver unter die Zwiebel rühren und ungefähr 1 Minute sautieren. Den Fisch und die Sahne unter die Zwiebel rühren und ungefähr 1 Minute stark erhitzen. Die Fischmischung mit den Kräutern zum Reis geben und bei starker Hitze schwenken.

Das Kedgeree salzen und pfeffern und eine Prise Cayennepfeffer dazugeben, wenn Sie es scharf haben wollen. Das Kedgeree in einer Servierschüssel oder auf Tellern anrichten.

In Kürze

1 Einen großen Topf mit gesalzenem Wasser 5–10 Minuten vor Beginn zum Kochen bringen.

2 Reis hineinleeren, umrühren und 10–12 Minuten leicht kochen lassen.

3 Milch in einer Pfanne erhitzen. Fisch in 2–3 Stücke schneiden; mit der Hautseite nach oben hineinlegen. 2–3 Minuten leicht kochen, bis er zu zerfallen beginnt.

4 Ein Drittel der Butter in einer Bratpfanne zergehen lassen. Zwiebel blättrig schneiden, dazugeben und 1–2 Minuten sautieren.

5 Fisch abtropfen lassen und auf einen Teller legen. Zerteilen, Haut und Gräten entfernen. Reis umrühren.

6 Kräuter von den Stielen zupfen und hacken. Einige Reiskörner probieren – sie sollten fest, aber nicht zäh sein. In einem Sieb abtropfen lassen und gründlich mit heißem Wasser spülen. Restliche Butter im Topf zergehen lassen, Reis dazugeben und bei sehr niedriger Hitze erwärmen.

7 Currypulver unter die Zwiebel rühren und rund 1 Minute garen lassen. Zerteilten Fisch und Sahne unterrühren und sehr heiß werden lassen.

8 Fisch und Kräuter zum Reis geben und bei hoher Hitze schwenken. Abschmecken und nach Belieben eine Prise Cayennepfeffer dazugeben.

Spaghetti à la Emma mit Salbei

Vorbereitung: 11 Minuten

4 Portionen

500 g Spaghetti
2 große Bund Salbei
125 ml Olivenöl
Salz und frisch gemahlener schwarzer Pfeffer
geriebener Parmesan

Unsere Tochter Emma verbrachte einen Sommer auf der Insel Elba und kochte dort im Haus eines Professors für Volkswirtschaft, der seine Theorien gerne in der Praxis erprobte. Das Haushaltsgeld fiel deshalb sehr gering aus, der Appetit seiner Studenten war dafür um so größer. Dieses Rezept mit Olivenöl aus der Region und Kräutern aus dem Garten war verständlicherweise ein Renner. Emma testete ein halbes Dutzend Variationen aus, etwa mit Basilikum, Oregano oder glatter Petersilie anstelle von Salbei. Manchmal gab sie gehackte Tomaten, Knoblauch oder Schalotten zu den Kräutern. Wenn das Öl erhitzt wird, bevor man es über die Kräuter gießt, erwärmt es sie gerade genug, damit sich ihr Aroma besser entfaltet, ohne sie zu verbrennen. Sie können die Mahlzeit mit einem typisch italienischen Salat wie Panzanella *beginnen (siehe Seite 74).*

Einen großen Topf mit gesalzenem Wasser 5–10 Minuten vor Beginn zum Kochen bringen. Die Spaghetti in das kochende Wasser geben. Wenn sie ganz im Wasser sind, umrühren, damit sie nicht verkleben. Aufkochen lassen, Hitze reduzieren und die Spaghetti ziehen lassen. Ein- bis zweimal umrühren. Falls sie überkochen, einen Eßlöffel Öl hinzugeben, um den Schaum zu reduzieren. Die meisten Spaghetti müssen 8–10 Minuten gekocht werden. Dann sollten sie bißfest sein (»al dente«).

Inzwischen die Salbeiblätter vom Stiel zupfen. Die Blätter locker rollen und grob hacken, so daß sie nicht gequetscht werden. Anschließend die gehackten Salbeiblätter in eine große Servierschüssel geben. Das Olivenöl bei schwacher Hitze in einer kleinen Pfanne erwärmen. Wenn die Spaghetti gar sind, in einem Sieb abgießen.

Wenn das Olivenöl Aroma verbreitet und zu rauchen beginnt, gießen Sie es über die Salbeiblätter. Sie sollten leicht brutzeln. Die abgetropften Spaghetti dazugeben und kräftig mit zwei Holzgabeln oder Löffeln durchmischen. Mit Salz und viel gemahlenem schwarzen Pfeffer abschmecken.

Sofort servieren. Eine Schüssel mit geriebenem Parmesan dazu reichen.

Tagliatelle mit Petersilie und Pinienkernen

Wenn Sie frische Tagliatelle verwenden, sind diese sehr schnell gar; verkochen Sie deshalb zuerst die anderen Zutaten.

Ersetzen Sie Salbei durch glatte Petersilie. Grob hacken und in eine Servierschüssel geben. In einer kleinen Bratpfanne einen Eßlöffel Öl erhitzen und darin 60 g Pinienkerne 1–2 Minuten sautieren, bis sie bräunen. Zur Petersilie geben. Die Tagliatelle kochen, das Öl erhitzen und das Rezept wie beschrieben beenden. Kurz vor dem Servieren einen Eßlöffel Balsamessig darüberträufeln.

In Kürze

1 Einen großen zugedeckten Topf mit gesalzenem Wasser 5–10 Minuten vor Beginn zustellen und zum Kochen bringen.

2 Spaghetti hineingeben, umrühren und 8–10 Minuten ziehen lassen, bis sie »al dente« sind. Von Zeit zu Zeit umrühren, damit sich die Nudeln nicht anlegen.

3 Salbeiblätter von den Stielen zupfen und grob hacken. In eine große Servierschüssel geben. Öl in einer kleinen Pfanne langsam erhitzen.

4 Wenn Spaghetti gar sind, in einem Sieb abtropfen lassen.

5 Wenn das Öl leicht raucht, über den Salbei leeren. Spaghetti dazugeben und gut vermengen. Mit Salz und Pfeffer bestreuen.

Spaghetti alla Siciliana

Vorbereitung: 9 Minuten

4 Portionen

Es ist kein Zufall, daß eine Freundin von Emma, eine junge Dame, dieses Rezept beisteuerte – sie gehört zur Pasta-Generation. Ich mag die scharfe Sauce besonders, sie erinnert an die berühmten spaghetti alla puttanesca *oder »leichten Spaghetti«, die angeblich so feurig sind wie die italienischen Schönen der Nacht. Die sonst üblichen frischen Tomaten und Anchovis werden hier durch die feineren getrockneten Tomaten ersetzt, und die Zutaten werden zu einer leichten Sauce püriert, die sich fein über die Spaghetti legt. Die Sauce läßt sich in einem Glas verschlossen mindestens eine Woche im Kühlschrank aufbewahren – ein guter Grund, gleich mehr davon zu machen.*

500 g Spaghetti
3 Knoblauchzehen
75 g entkernte, in Öl eingelegte Oliven
60 g getrocknete Tomaten in Öl
45 g Kapern
½ TL getrocknete rote Pfefferflocken, oder mehr nach Belieben
4 EL Olivenöl
ein kleiner Bund glatte Petersilie
Salz und frisch gemahlener schwarzer Pfeffer

Küchenmaschine

In einem großen Topf 5–10 Minuten vor Beginn gesalzenes Wasser zum Kochen bringen. Spaghetti in das kochende Wasser geben. Gut umrühren, damit sie nicht aneinanderkleben. Aufkochen lassen, Hitze reduzieren und die Spaghetti 8–10 Minuten ziehen lassen. Wenn sie überkochen, einen Eßlöffel Öl hinzugeben, um den Schaum zu reduzieren. Sie sind durch, wenn sie weich, aber dennoch bißfest sind – »al dente«.

Inzwischen Knoblauchzehen schälen, erst mit dem Messer leicht andrücken, damit sich die Haut leichter entfernen läßt. Geben Sie den Knoblauch mit etwa drei Viertel der Oliven und getrockneten Tomaten in die Küchenmaschine, den Rest zum Servieren übriglassen. Kapern abtropfen lassen und ebenfalls ca. ein Viertel zur Seite stellen, der Rest kommt in die Küchenmaschine. Getrocknete Pfefferflocken und Öl dazugeben, 1 Eßlöffel Öl zurückbehalten. Zu einem weichen Püree verarbeiten. Wir haben jetzt eine scharfe Variante der Tapenade aus der Provence, bei der die getrockneten Tomaten den Platz der Anchovis einnehmen.

Während die Spaghetti kochen, die getrockneten Tomaten in schmale Streifen schneiden. Petersilienblätter kleinhacken, ein paar Zweige für die Garnierung übriglassen.

Die gekochten Spaghetti in einem Sieb abtropfen lassen. Das restliche Olivenöl in den Topf geben, damit die Pasta nicht festklebt. Pasta zurück in den Topf geben, Olivenpüree und Petersilie hinzugeben und gut durchmischen, bis die Spaghetti damit bedeckt sind. Abschmecken – die Oliven und Tomaten sind wahrscheinlich salzig genug, aber vielleicht fehlt es noch an Pfeffer und den roten Pfefferflocken.

Spaghetti in eine vorgewärmte Servierschüssel geben. Mit den restlichen Oliven, Kapern, getrockneten Tomatenstreifen und Petersilienzweigen garnieren und sofort servieren.

In Kürze

1 Gesalzenes Wasser in einem großen Topf 5–10 Minuten vor Beginn zugedeckt zum Kochen bringen.

2 Spaghetti 8–10 Minuten im kochenden Wasser ziehen lassen. Inzwischen Knoblauchzehen schälen und mit drei Viertel der Oliven, getrockneten Tomaten und abgetropften Kapern in die Küchenmaschine geben.

3 Pfefferflocken und Öl in die Maschine geben, 1 EL Öl zurückbehalten. Zu feinem Püree verarbeiten, zur Seite stellen.

4 Restliche getrocknete Tomaten in Streifen schneiden. Petersilienblätter fein hacken, ein paar Zweige für die Garnierung übriglassen.

5 Die »al dente«-Spaghetti abtropfen lassen und restliches Öl in den Topf leeren.

Pasta zurück in den Topf geben. Olivenpüree und Petersilie hinzugeben und gut durchmischen.

6 Abschmecken, in der vorgewärmten Schüssel mit den restlichen Oliven, Kapern, Tomatenstreifen und Petersilienzweigen bestreut servieren.

Siehe Seite 2

Tagliatelle mit Koriander und Ingwer

Vorbereitung: 14 Minuten

4 Portionen

Mit seinem orientalischen und mexikanischen Einschlag ist frischer Koriander auch als chinesische Petersilie oder Cilantro bekannt. Heute hat das Kraut mit großem Erfolg Einzug in die europäische Küche gehalten, ist vielgeschätzt wegen seines Anisgeschmacks und weil es unter beinahe allen Klimabedingungen wächst. Bei diesem Rezept bildet es zusammen mit Limetten und frischem Ingwer ein flottes Trio, eine Kombination, die sich gewöhnlich mit Fisch findet, aber warum nicht einmal anders, etwa mit frischen Nudeln?

Das Rezept könnte kaum schneller zusammenzustellen sein – es dauert tatsächlich länger, bis das Wasser kocht, als bis die Zutaten bereitet sind. Ich serviere diese Pasta gern mit ein, zwei Scheiben geräuchertem Lachs, weil dieser gut zu den übrigen Zutaten paßt.

2 walnußgroße Stücke frischer Ingwer
1 großer Bund frischer Koriander (etwa 60 g)
500 g Tagliatelle
2 Limetten
5 EL Olivenöl
½ TL gemahlener weißer Pfeffer oder nach Belieben mehr
4 Scheiben Räucherlachs (ca. 175 g)
Salz

Gesalzenes Wasser in einem zugedeckten Topf 5–10 Minuten vor Beginn zum Kochen bringen.

Schneiden Sie zuerst den Ingwer mit einem großen Messer in Scheiben. Man muß ihn nicht schälen, aber beachten Sie, wie die Fasern verlaufen: Wenn Sie zuerst quer zu den Fasern schneiden, läßt er sich leichter hacken.

Legen Sie die Stücke auf ein Schneidbrett und drücken Sie jedes mit der flachen Messerseite, dann zusammenschieben und fein hacken.

Die Korianderblätter von den Stielen zupfen und zerkleinern. Ich lasse sie gern gröber; sie geben der Pasta eine gewisse Konsistenz, die Farbe wird allerdings gleichmäßiger, wenn Sie sie kleinschneiden.

Tagliatelle in das kochende Wasser geben, gut rühren, damit sie nicht aneinanderkleben, 1–2 Minuten ziehen lassen, gelegentlich umrühren.

Die Limettenschalen fein reiben. Um zu vermeiden, daß sich die Schale nicht von der Reibe löst, ziehen Sie einen Streifen Plastikfolie über die Reibe, dann wie gewohnt reiben. Die geriebene Schale fängt sich auf der Plastikfolie. Klingt komisch, aber es hilft. Eine Limette auspressen, die zweite ist nicht nötig.

Die Pasta sollte bißfest sein, wenn Sie sie in einem Sieb abtropfen lassen. Den Topf auswischen, dann wieder auf den Herd stellen und das Olivenöl hinzugeben. Kleingehackten Ingwer darin etwa eine Minute sautieren, bis er angenehm duftet. Tagliatelle, Koriander und geriebene Limettenschale in den Topf geben und etwa eine Minute kräftig über dem Feuer durchmischen, bis die Pasta sehr heiß und gut mit Öl bedeckt ist.

Limettensaft, weißen Pfeffer und Salz dazugeben, gut mischen und abschmecken.

Die Tagliatelle auf Tellern mit einer Scheibe Räucherlachs anrichten und sofort servieren.

In Kürze

1 Gesalzenes Wasser in einem großem Topf 5–10 Minuten vor Beginn zum Kochen bringen.

2 Ingwer in dünne Scheiben schneiden, mit dem Messer flachdrücken und fein hacken. Korianderblätter grob hacken.

3 Tagliatelle in kochendes Wasser geben, umrühren und 1–2 Minuten »al dente« kochen.

4 Inzwischen Schale der Limetten reiben, eine Limette auspressen.

5 Pasta abseihen. Olivenöl im Topf erhitzen und Ingwer ca. 1 Minute sautieren. Pasta, Koriander und geriebene Limettenschale in den Topf geben, ca. eine Minute über dem Feuer durchmischen.

6 Limettensaft, Pfeffer und Salz dazugeben. Gut mischen und abschmecken. Mit einer Scheibe Räucherlachs sofort servieren.

Flotte Salate

Da für viele Salate eine Unmenge an Gemüse geputzt werden muß, sind sie alles andere als schnell zuzubereiten. Deshalb ist unsere erste Regel, daß wir nach Rezepten suchen müssen, die nur drei oder vier Hauptzutaten haben, wie etwa der warme Chicoréesalat mit Speck oder die Panzanella. Wenn Sie Schinken, Garnelen oder andere Fleisch- oder Fischsorten verwenden, die schon gekocht sind, sparen Sie ebenfalls Zeit. Das pikante Aroma von Käse paßt ebenso gut zu Salaten wie auch der salzige Geschmack der Anchovis und Oliven oder die Würze von Frühlingszwiebeln und Knoblauch.

Hüten Sie sich außerdem vor einer einzelnen Zutat, die eine lange Vorbereitungszeit benötigt. Selbst ein Salatkopf braucht ungefähr drei Minuten, bis er geputzt, gewaschen und trockengeschleudert ist. Deshalb sind Salate, die nur ein wenig gespült werden müssen, wie Chicorée, Radicchio, Stangensellerie, Kohl und Pak-Choi, zu bevorzugen. Zur Not kann eine Packung vorgewaschenen Salats das Problem lösen. Die Nachteile daran sind der meist hohe Preis und die mittelmäßige Qualität.

Wir haben keine Zeit, harte Eier zu kochen und zu schälen, und natürlich lassen wir uns auch nicht darauf ein, Tomaten zu schälen oder mehr als eine oder zwei Zwiebeln zu hacken. Seien Sie deshalb vorbereitet auf die herzhafte, altmodische Konsistenz der verschiedenen Gemüsesorten, auf den knackigen blanchierten Kohl und auf leicht angebratene Paprika.

Da wenig Zeit ist, um die Zutaten zu marinieren und sie im Geschmack etwas zu mildern, weisen sämtliche der hier angeführten Salate ein recht lebendiges, erfrischendes Aroma auf. Ein Schritt darf jedoch selbst in größter Zeitnot nicht ausgelassen werden, nämlich das Kosten des Salates nach dem Marinieren. Schließlich ist gerade bei Salaten ein ausgewogenes Aroma unerläßlich.

Links: Paprikasalat mit Peperoni und Rucola *siehe Seite 70*

Paprikasalat mit Peperoniwurst und Rucola

Vorbereitung: 14 Minuten
Ruhen: 30 Minuten, wenn möglich
Lagerung: bis zu 24 Stunden im Kühlschrank

4 Portionen

2 große rote Paprika
2 große grüne Paprika
2 große gelbe Paprika
125 ml Olivenöl
2 Bund Rucola
250 g Wurst mit Peperoni, in Scheiben
20 g Kapern
3 EL Rotweinessig oder mehr, wenn nötig
Salz und frisch gemahlener schwarzer Pfeffer

Wok
Holzspachtel

Das erste Mal probierte ich diesen Salat an einem heißen Sommertag in Italien, als ich ein wunderbares Gericht aus süßen Paprika, würziger Wurst und bitteren Salaten genoß – gefolgt von einem Sorbet und einem doppio espresso. *Zu Hause hat es nie so geschmeckt – wie könnte es auch, ohne knollige ausgereifte Paprika, die noch warm von der Sonne sind, von der Peperoniwurst des Metzgers im Ort ganz zu schweigen! Trotzdem ist die Zusammenstellung hier bemerkenswert. Mit ein wenig Rührei wird dieser Salat zu einer köstlichen Mahlzeit für einen Brunch.*

Paprika halbieren und Gehäuse mit der Hand herausdrehen. Samen entfernen und jede Paprikahälfte in 5–6 Streifen schneiden. Sie werden nicht die Zeit haben, die inneren Rippen zu entfernen, doch wenn diese sehr fleischig sind, sollten Sie sie mit einem Messer ausschneiden.

Den Wok 15 Sekunden stark erhitzen. An den Seiten mit Öl beträufeln und weitere 5 Sekunden erhitzen, bis dieses sehr heiß ist. Unter ständigem Rühren Paprika mit Salz und Pfeffer dazugeben, rund 1 Minute schütteln und rühren. Bei starker Hitze kochen lassen, gelegentlich umrühren. Der Paprika soll weich und an einer oder zwei Stellen braun werden – das dauert insgesamt 6–9 Minuten.

Inzwischen die Rucolastiele abschneiden und die Blätter im Spülbecken mit kaltem Wasser waschen. Rühren, damit der Sand abgeht. Mit den Händen herausheben und auf einem Küchentuch oder in einer Salatschleuder trocknen.

Die Knoblauchzehen leicht mit der flachen Klinge des Messers andrücken und schälen. Knoblauch zerdrücken und mit der Klinge schaben. Unter die Paprika rühren und 2–3 Minuten weiterbraten. Wenn die Paprika gar sind, die Wurst unterrühren und 1 Minute bei niedriger Hitze ziehen lassen, damit sich die Aromen vermischen.

Kapern abtropfen lassen, unter fließendem kalten Wasser spülen und zusammen mit dem Essig zu den Paprika geben. Vom Herd nehmen, sorgfältig rühren und abschmecken – das Bratöl ergibt zusammen mit dem Essig ein Dressing.

Sie können den Salat gleich anschließend essen; noch besser wird er allerdings, wenn Sie ihn bei Zimmertemperatur eine halbe Stunde stehenlassen.

Zum Servieren die Rucolablätter in einem Halbkreis auf 4 Tellern anrichten. Erneut abschmecken, da sich während des Kühlens das Aroma verändert haben könnte. Salat auf die Teller geben.

In Kürze

1 Paprika halbieren, Gehäuse herausdrehen und Samen entfernen. Jede Hälfte in 5–6 Streifen schneiden.

2 Öl im Wok erhitzen, unter Rühren Paprika mit Salz und Pfeffer hineingeben und scharf anbraten, bis sie weich und an mehreren Stellen braun sind. Insgesamt 6–9 Minuten.

3 Inzwischen Rucola waschen und trocknen. Knoblauch schälen, hacken und unter die Paprika rühren. 2–3 Minuten weiterkochen.

4 Wurst unter die Paprika rühren und 1 weitere Minute kochen lassen.

5 Kapern abtropfen lassen und mit kaltem Wasser abspülen. Zusammen mit Essig zu den Paprika geben.

6 Salat vom Herd nehmen, umrühren und abschmecken. Wenn noch Zeit ist, Salat bei Zimmertemperatur für eine halbe Stunde stehen lassen.

7 Salat noch einmal abschmecken. Mit Rucolablättern auf 4 Tellern anrichten.

Crazy salad

Vorbereitung: 14 Minuten

4 Portionen

Es ist kaum zu glauben, daß in den Tagen der Nouvelle Cuisine Salat als Hauptgang eine Neuigkeit war. Die meisten der unzähligen neuen Salatkombinationen sind mittlerweile wieder verschwunden. Dieses verrückte Rezept hat aber augenscheinlich überlebt.
Die Zutaten richten sich ganz nach Ihren Wünschen: Sie können eine noble Richtung einschlagen, indem Sie Hühnerleber und Shrimps durch Gänseleber und Hummer ersetzen, oder Himbeeren beziehungsweise Mandarinenfilets mit Mangos tauschen. Sie können auch delikatere Blattsalate statt des römischen Salats verwenden. Die einzige Regel besteht darin, das Grundverhältnis der Zutaten beizubehalten und Nußöl und einen fruchtigen Essig für das Dressing zu verwenden.

1 großer Kopf römischer Salat (ungefähr 500 g)
1 Mango
125 g geschälte, gekochte Ostseegarnelen
125 g Hühnerleber
60 g Walnußstücke

Für das Dressing:
4 EL Himbeer- oder Sherryessig
125 ml Walnußöl
Salz und frisch gemahlener schwarzer Pfeffer

Den Salatstrunk abschneiden, die Blätter verlesen und alle zähen und beschädigten äußeren Blätter entfernen. Die Blätter in ein Spülbecken mit kaltem Wasser tauchen, mit den Händen umrühren, damit sie den Sand verlieren. Mit den Händen herausheben, damit der ganze Sand im Becken bleibt, und trocknen, indem die Blätter schnell in einer Salatschleuder gedreht oder in ein Küchentuch eingerollt werden. Die kleinen inneren Blätter auf 4 Tellern anrichten. Die größeren Blätter in einem Bündel zusammenfassen und auf einem Schneidbrett quer in grobe Stücke schneiden. In eine Schüssel geben, wo sie mit dem Dressing gut vermischt werden.

Die Mango zubereiten: Reife Mangos sind bekanntermaßen schwierig zu putzen, stellen Sie deshalb eine kleine Schüssel für sie bereit und arbeiten Sie nahe dem Spülbecken. Mit einem kleinen Messer die Haut abziehen. In der Mitte der Frucht ist ein großer ovaler Kern. Das Fruchtfleisch in Streifen vom Stein schälen. Würfeln und in die Schüssel geben.

Das Dressing zubereiten: Die halbe Menge Essig, Salz und Pfeffer in einer kleinen Schüssel mit dem Schneebesen verrühren. Das Öl bis auf 2 Eßlöffel unterrühren. Nach und nach hinzufügen, damit das Dressing emulgiert und leicht eindickt. Abschmecken.

Die Garnelen zum Dressing geben und untermischen. Diese Mischung zum geschnittenen Salat geben und unterrühren, bis er gut mit dem Dressing überzogen ist. Ein Salatstück probieren, nötigenfalls nachwürzen und den geschnittenen Salat und die Garnelen auf den Tellern anrichten. Obenauf die Mangostücke streuen.

Das restliche Öl in einer Bratpfanne leicht erhitzen. Die Hühnerleber in 3–4 Stücke schneiden, die Haut entfernen und die Leberstücke mit Salz und Pfeffer bestreuen. In das heiße Öl geben und bei starker Hitze 1–2 Minuten braten. Umrühren, damit sie von allen Seiten garen. Die Außenseite der Leberstücke sollte braun, das Innere noch rosa sein. Den restlichen Essig dazugeben und 15 Sekunden weiterkochen lassen. Umrühren, damit sich die am Boden angelegten Säfte im Essig lösen. Das gibt der Leber einen angenehmen Beigeschmack.

Die Leber mit einem Löffel auf den Salat geben, mit Walnußstücken bestreuen und sofort servieren, solange die Leber noch warm ist.

Crazy salad

In Kürze

1 Salat waschen und trocknen und die zähen äußeren Blätter entfernen. Die kleinen Blätter auf 4 Tellern anrichten. Die größeren Blätter grob schneiden und in eine Schüssel geben.

2 Mango mit einem kleinen Messer schälen, das Fruchtfleisch vom Kern schneiden und würfeln.

3 Vinaigrette aus der halben Menge Essig, Salz, Pfeffer und Öl zubereiten; 2 Eßlöffel Öl aufheben.

4 Garnelen zum Dressing geben und vermengen. Zum geschnittenen Salat geben und verrühren, bis die Blätter gut überzogen sind. Salatstreifen abschmecken und auf den Tellern anrichten. Obenauf Mangostücke streuen.

5 Restliches Öl in einer kleinen Bratpfanne erhitzen. Hühnerleber in 3–4 Stücke schneiden. Haut entfernen. Leberstücke in das heiße Öl geben und bei starker Hitze 1–2 Minuten braten. Umrühren, damit sie gleichmäßig bräunen. Sie sollten in der Mitte rosa bleiben. Den restlichen Essig dazugeben und ca. 15 Sekunden kochen, umrühren, damit sich der angelegte Jus löst.

6 Leberstücke mit einem Löffel auf den Salat geben, mit Walnußstücken bestreuen und sofort servieren, solange sie noch warm sind.

Panzanella

Vorbereitung: 10 Minuten
Lagerung: bis zu 1 Stunde bei Zimmertemperatur

4 Portionen

1 mittelgroße Gurke
750 g sehr reife Fleischtomaten
2 milde, rote Zwiebeln
500 g Weißbrot oder Landbrot mit Kruste
250–375 g Prosciutto

Für das Dressing:
1 Knoblauchzehe
3 EL Balsamessig oder nach Belieben mehr
4 EL Olivenöl oder nach Belieben mehr
1 großer Bund frisches Basilikum
Salz und frisch gemahlener schwarzer Pfeffer

»Für eine Panzanella«, sagen unsere Freunde, die in der Toskana leben, »braucht man die reifsten Tomaten, die knackigsten Gurken, das aromatischste Basilikum, das fruchtigste Öl und den süßesten Essig. Das gibt es alles in unserem Garten und unserer Küche.« Als wir deshalb einen Sommer in ihrem Haus verbrachten, machten wir uns gespannt über den versprochenen Genuß her. Und wirklich erwies sich die Panzanella als ein äußerst schmackhaftes Gericht voller frischer Aromen, das Gehalt, aber auch Leichtigkeit vom hiesigen Landbrot aufwies. Panzanella bedeutet »kleiner Schwamm«, da das Brot das Dressing aufsaugt wie matschiger Boden. Ich habe entdeckt, daß viele Bäckereien einen Tag altes Brot günstiger verkaufen – damit geht es genauso gut!
Wir haben unsere Panzanella immer mit Prosciutto aus der Toskana gegessen, eine trockenere Variante mit mehr Geschmack als der verwandte saftige Parmaschinken, den ich hier vorschlage. Für das Brot läßt sich jede Art von aufgeschnittenem Landbrot verwenden.

Zuerst das Dressing zubereiten: Mit der flachen Klinge des Messers leicht die Knoblauchzehe drücken, um die Haut zu lösen. Den Knoblauch zerdrücken und fein hacken. In eine kleine Schüssel geben. Den Essig dazugießen, salzen und pfeffern. Nach und nach Öl unterrühren, bis es emulgiert und leicht eindickt.
Basilikumblätter von den Stielen zupfen, locker rollen und in Streifen schneiden. 4 Zweige für die Garnierung übriglassen. Nicht zu fein hacken, sonst werden sie gequetscht und bitter. Gehacktes Basilikum in das Dressing geben.
Die Gurke schälen, der Länge nach halbieren und die Samen mit einem Teelöffel oder dem Ende eines Gemüseschälers herauskratzen. Die Hälften wieder der Länge nach in 3–4 Streifen, dann quer in schmale Stücke schneiden. Die Gurke soll noch Biß haben, aber die Stücke sollten nicht zu klobig sein.
Die Tomaten mit einem kleinen Messer ausschneiden, dann in 8–16 etwa gleich große Spalten schneiden. Jede Spalte in 2–3 Stücke schneiden, die etwa doppelt so groß wie die Gurkenstücke sein sollten. Sie werden sich darüber freuen, daß die Tomaten nicht geschält werden müssen.
Die Zwiebeln schälen, ein wenig von den Wurzeln überlassen. Der Länge nach halbieren und mit der Schnittfläche auf das Schneidbrett setzen. Zunächst horizontal und immer parallel bis zur Wurzel, dann vertikal schneiden, aber nicht durch die Wurzel, damit die Scheiben noch zusammengehalten werden. Schließlich kreuzweise schneiden, damit sie in Würfel fallen. Wenn sie nicht klein genug sind, hacken.
Das Brot in 2,5 cm große Würfel schneiden und beiseite stellen. Die Kruste sorgt für Konsistenz und Farbe, deshalb bleibt sie dran.
Gurke, Tomaten und Zwiebeln in einer großen Schüssel vermischen. Mit dem Dressing verrühren. Die Brotwürfel hinzugeben und vermischen – sie werden das Dressing wie ein Schwamm aufsaugen. 5 Minuten ruhen lassen, damit sich der Geschmack entfalten kann.
Inzwischen den Prosciutto auf 4 Tellern anrichten. Es sieht gut aus, wenn er an einer Seite ein wenig eingeschlagen ist, doch widerstehen Sie der Versuchung, das vorzubereiten, da der Schinken in wenigen Minuten austrocknet.
Die Panzanella großzügig mit schwarzem Pfeffer bestreuen – dieser sollte für ein volles Aroma frisch gerieben sein. Den Salat abschmecken, nach Belieben mehr Öl, Essig oder Salz dazugeben. Auf die Teller geben, mit den Basilikumzweigen garnieren und innerhalb einer Stunde servieren, um den Geschmack frischer Kräuter und frischen Gemüses zu genießen. Panzanella schmeckt am besten, wenn sie Zimmertemperatur hat.

In Kürze

1 Dressing zubereiten: Knoblauch schälen, hacken und in eine kleine Schüssel geben. Essig dazugießen, salzen und pfeffern und Öl dazugeben, bis es leicht eindickt. Basilikumblätter von den Stielen zupfen und in Streifen schneiden. Zur Garnierung 4 Zweige übriglassen. Basilikumstreifen zum Dressing geben.

2 Gurke schälen, Samen herauskratzen. Der Länge nach in Streifen und dann in kleine Stücke schneiden.

3 Tomaten in Spalten und diese wiederum in 2–3 Stücke schneiden.

4 Zwiebeln in kleine Würfel schneiden und mit der Gurke und den Tomaten vermischen. In das Dressing rühren.

5 Brot in 2,5 cm große Würfel schneiden, zum Salat geben und gut unterrühren. 5 Minuten ruhen lassen, damit sich der Geschmack entfalten kann.

6 Inzwischen Prosciutto auf 4 Tellern anrichten.

7 Panzanella mit Pfeffer bestreuen. Mit Öl, Essig und Salz abschmecken und auf Teller geben. Jeden Teller mit einem Basilikumzweig garnieren.

Griechischer Salat auf Burgunderart

Vorbereitung: 12 Minuten
Ruhen: 1–2 Stunden, wenn möglich
Lagerung: bis zu 24 Stunden im Kühlschrank

4 Portionen

Ich konnte diesem widersprüchlichen Titel nicht widerstehen, da er unsere liebsten Sommersalate zusammenfaßt. Die Grundbestandteile eines typischen griechischen Salats sind sehr einfach – Tomaten, süße Zwiebeln, Gurken und Paprika, gemischt mit Schafkäse und in Öl eingelegten schwarzen Oliven. In dieser Variante auf Burgunderart beginnen wir mit reichlich vorhandenen saftigen Frühtomaten und leicht bitteren Gurken aus unserem Garten; dazu nehmen wir unseren heimischen Ziegenkäse statt Schafkäse, dicke schwarze Oliven aus Nyons in der Provence und eine Handvoll selbstgezogener Kräuter. Das ergibt einen Salat voller leuchtender Farben. Die Zutaten werden in grobe Stücke geschnitten, was entscheidend zu dem appetitlichen Erscheinungsbild beiträgt.

Wir stellen auch unseren Essig selbst her, inspiriert von Elisabeth David, die eines der wenigen hilfreichen Bücher zu dem Thema schrieb. Sie müssen mit einer »Essigmutter« beginnen, der gelatineartigen Haut, die sich gewöhnlich in Flaschen unpasteurisierten Essigs findet. Geben Sie sie in einen Steinguttopf (dunkel und warm stellen ist wichtig), füllen Sie den Topf mit zwei oder drei Flaschen Rotwein auf und verschließen Sie ihn mit einer doppelten Schicht Mull, damit die Luft noch zirkulieren kann. Nach einem Monat probieren Sie den Essig – er sollte jetzt zu gebrauchen sein. Ab diesem Zeitpunkt, wenn Sie den Essig verwenden, gießen Sie ihn mit übriggelassenem Wein auf. Der Geschmack wird mit dem Wein, den Sie hinzufügen, variieren. Der Essig wird mit der Zeit milder und viel interessanter werden als die kommerziellen Produkte.

Bei diesem Rezept handelt es sich um einen ländlichen Salat, verschwenden Sie deshalb Ihre Zeit nicht damit, die Tomaten zu schälen, die Gurken dünn zu schneiden oder die Oliven zu entsteinen – klobige Stücke und ein wenig Haut gehören hier ganz einfach dazu. Sie können leicht mehr zubereiten, nur das Vorbereiten des Gemüses wird dann ein wenig länger dauern. Um den Salat zu strecken, servieren Sie ihn auf einem Bett aus Couscous, das eigentlich keine Zeit zur Vorbereitung beansprucht.

Griechischer Salat auf Burgunderart

250 g Kirschtomaten
2 mittelgroße Gurken
2 grüne Paprika
2 mittelgroße süße Zwiebeln
500 g kräftiger Ziegenkäse oder Feta
150 g in Öl eingelegte Oliven
1 kleiner Bund Basilikum
1 kleiner Bund glatte Petersilie

Für das Dressing:
3 EL Rotweinessig
125 ml Olivenöl
Salz und frisch gemahlener schwarzer Pfeffer

Die Tomaten in einem Sieb unter fließendem Wasser waschen. Alle Stiele entfernen, Tomaten ausschneiden und in eine große Schüssel geben. Gurken der Länge nach halbieren und die Samen mit einem Teelöffel oder dem Ende eines Gemüseschälers herauskratzen. Die Hälften der Länge nach in 3–4 Streifen schneiden, dann quer würfeln und zu den Tomaten geben. Wenn die Gurken gewachst sind, müssen sie erst geschält werden.

Die Paprika halbieren, Gehäuse herausschneiden und Samen entfernen. Die Paprikahälften der Länge nach in 4–5 Streifen schneiden, dann quer grob würfeln. Zu den Tomaten geben.

Zwiebeln schälen, die Wurzel daranlassen. Von einer Seite eine dünne Scheibe abschneiden, damit die Zwiebel flach aufliegt, dann dünne Ringe schneiden. Die Spitze entfernen. Die Ringe in die Schüssel mit dem Gemüse geben.

Den Käse in Würfel schneiden und zusammen mit den Oliven zum Gemüse geben.

Das Dressing zubereiten: Essig mit Pfeffer und wenig Salz verrühren – der Käse und die Oliven sorgen zusätzlich für einen salzigen Geschmack. Nach und nach Öl unterrühren, damit das Dressing emulgiert und leicht eindickt. Abschmecken.

Das Dressing über das Gemüse gießen. Vorsichtig mit zwei Löffeln durchmischen – wenn die Zutaten ein wenig auseinanderfallen, ist das kein Problem, später werden sich die Aromen vermischen. Erneut abschmecken.

Zuletzt die Kräuter von den Stielen zupfen und sehr grob hacken – ein wenig Biß wird dem Salat gut bekommen. Zu den anderen Zutaten geben, sanft vermischen und ein letztes Mal kosten. Der Salat kann natürlich sofort serviert werden; wenn man ihn ein oder zwei Stunden ruhen läßt, wird der Geschmack jedoch etwas milder.

In Kürze

1 Tomaten waschen und trocknen, Stiele entfernen und ausschneiden. In eine große Schüssel geben. Gurken der Länge nach halbieren, Samen herauskratzen und jede Hälfte in 3–4 Streifen schneiden. Würfeln und zu den Tomaten geben.

2 Paprika halbieren, Gehäuse und Samen entfernen. Hälften in Streifen schneiden, dann quer würfeln. Zu den Tomaten geben.

3 Zwiebeln schälen, in dünne Ringe schneiden und zum Gemüse geben.

4 Käse würfeln und mit den Oliven zum Gemüse geben.

5 Vinaigrette aus Essig, Salz, Pfeffer und Öl zubereiten. Abschmecken.

6 Dressing sorgfältig mit Gemüse mischen und wieder abschmecken.

7 Kräuter grob hacken, vorsichtig mit dem Salat mischen und ein letztes Mal abschmecken. Der Salat kann sofort serviert werden, besser schmeckt er jedoch, wenn er für ein oder zwei Stunden gekühlt wird.

Warmer Salat à la Provence mit frischem Thunfisch

Vorbereitung: 12 Minuten

4 Portionen

Inspiriert vom klassischen Salat Niçoise, hat dieser warme Nudelsalat viele ähnliche Zutaten – der Unterschied liegt eher im Detail: Der Thunfisch ist frisch gegrillt statt aus der Dose, und schnell gekochte Pasta ersetzt die Kartoffeln. Wenn Sie keine Oliven aus Nizza finden, nehmen Sie statt dessen gut aromatisierte schwarze Oliven. Wenn Sie wirklich in Eile sind, können Sie den frischen Thunfisch durch Dosenthunfisch ersetzen.

4 Thunfischsteaks ohne Gräten (ungefähr 625 g im ganzen)
500 g Maccheroni
125 g schwarze Oliven Niçoise
8 Anchovisfilets
einige Blätter grüner Salat oder Spinat oder einige Zweige Brunnenkresse
500 g Kirschtomaten

Für das Dressing:
2 Knoblauchzehen
2 Zitronen
1 TL getrockneter Thymian
2 TL Dijonsenf
175 ml Olivenöl
Salz und Pfeffer

Den Grill 5–10 Minuten vor Beginn vorheizen und einen großen Topf gesalzenes Wasser für die Pasta zum Kochen bringen. Zudecken, damit es schneller kocht.

Dressing zubereiten: Leicht mit der flachen Klinge eines Messers auf die Knoblauchzehe drücken, damit sich die Schale löst, und schälen. Den Knoblauch zerdrücken, hacken und in eine kleine Schüssel geben. Zitronen auspressen und mit Thymian, Salz und Pfeffer zum Knoblauch geben. Nach und nach Öl unterrühren, damit es leicht eindickt und emulgiert. Abschmecken.

Pasta in das kochende Wasser geben, umrühren, aufkochen und 5–7 Minuten bei schwacher Hitze kochen lassen, bis die Pasta »al dente« ist – dazu einfach eine Nudel probieren. Inzwischen beide Seiten des Thunfischsteaks mit dem Dressing bestreichen und auf den Grillrost legen. Auf höchster Einschubleiste ungefähr 2 Minuten grillen, bis sie braun sind. Inzwischen Anchovis hacken und in das restliche Dressing rühren. Thunfischsteaks wenden und die andere Seite bräunen: ungefähr 1–2 Minuten, wenn sie in der Mitte noch roh sein sollten, oder 2–3 Minuten, wenn man sie ganz durch haben möchte. In jedem Fall sollte eine durchscheinende Linie in der Mitte bleiben.

Während der Thunfisch gar wird, den Salat in einem Sieb unter kaltem Wasser spülen und mit Küchenkrepp trocknen. Den Rand einer großen Schüssel damit garnieren.

Wenn der Thunfisch gar ist, vom Grill nehmen und beiseite stellen. Pasta probieren. Wenn sie fertig ist, abgießen und in den Topf zurückgeben. Das Dressing mit den Oliven dazugeben und mit zwei langen Gabeln untermischen. Falls nötig, mit weiterem Thymian, Senf, Salz und Pfeffer abschmecken.

Den Nudelsalat in die Schüssel geben, die Thunfischsteaks obenauf setzen und die Tomaten am Rand entlang legen. Noch warm servieren.

In Kürze

1 Grill 5–10 Minuten vor Beginn aufheizen und einen großen Topf mit gesalzenem Wasser zugedeckt zum Kochen bringen.

2 Dressing: Knoblauch hacken. Mit Zitronensaft, Thymian, Senf, Salz und Pfeffer in eine kleine Schüssel geben. Nach und nach Öl dazurühren, bis es emulgiert. Abschmecken.

3 Pasta in kochendes Wasser geben, umrühren, aufkochen und 5–7 Minuten bei schwacher Hitze kochen lassen, bis sie »al dente« ist.

4 Inzwischen beide Seiten der Thunfischsteaks mit Dressing bestreichen und auf den Grillrost legen. Auf höchster Einschubleiste rund 2 Minuten grillen, bis sie braun sind. Wenden und die andere Seite bräunen, 1–2 Minuten, wenn sie nicht ganz und 2–3 Minuten, wenn sie ganz durch sein sollen.

5 Inzwischen Anchovis hacken und unter das restliche Dressing rühren. Salat waschen, trocknen und in einer großen Schüssel anrichten.

6 Wenn der Thunfisch gar ist, vom Grill nehmen und beiseite stellen.

7 Pasta abgießen und wieder in den Topf geben. Dressing mit Oliven dazugeben, gut vermischen und abschmecken.

8 Nudelsalat in die Schüssel geben. Obenauf Thunfisch legen und Tomaten rundherum arrangieren. Warm servieren.

Muschelsalat mit Kreuzkümmeldressing

Vorbereitung: 10 Minuten
Kühlen: ca. 1 Stunde im
  Kühlschrank
Lagerung: bis zu 24 Stunden
  im Kühlschrank

4 Portionen

Diese unerwartete Mischung von Jakobsmuscheln, Frühlingszwiebeln und Tomaten, gewürzt mit Kreuzkümmel und Chili, ist eines dieser erfrischenden Gerichte, die ziemlich einfach und trotzdem gerade richtig kombiniert sind. Die Frühlingszwiebeln geben den Biß, die Tomaten die Süße, der Kreuzkümmel unterstreicht die Feinheit der Muscheln, während der Chili dafür sorgt, daß sie nicht langweilig schmecken.

Suchen Sie nach fleischigen Muscheln, die frisch riechen und nur wenig Flüssigkeit enthalten. Rechnen Sie mit 3–5 Stück pro Person. Bei größeren werden 10 Stück ungefähr 500 g wiegen. Eiertomaten helfen mit, Zeit zu sparen. Sie haben eine so dünne Haut, daß man sie nicht erst schälen muß.

Wenn Sie großzügig Salat dazu reichen, denke ich, daß die Muscheln ein ausreichender Hauptgang sind; wenn Sie es ausgiebiger haben wollen, geben Sie noch einige kleine Kartoffeln dazu, die in der Schale gekocht, ein wenig im Dressing geschwenkt und warm serviert werden.

625 g Jakobsmuscheln
250 ml trockener Weißwein
2–3 Zweige Thymian
1 Lorbeerblatt
1 großer Kopf Buttersalat
  oder 2 kleine Köpfe
  Bindesalat
3 Frühlingszwiebeln
4 Eiertomaten

Für das Dressing:
2 EL Sherryessig oder
  Rotweinessig
1 EL geriebener
  Kreuzkümmel
1 TL getrockneter roter
  Chili, gehackt
5 EL Walnuß- oder Olivenöl
Salz und frisch gemahlener
  schwarzer Pfeffer

Mit dem Pochieren der Muscheln beginnen: Eine mittelgroße Stielkasserolle mit 375 ml Wasser, Wein, Thymian und Lorbeer zum Kochen bringen und dann bei schwacher Hitze weiterkochen lassen.

Inzwischen den Jus der Muscheln abgießen und in die Kasserolle leeren. Muscheln in die Pochierflüssigkeit geben und leicht kochen lassen. Umrühren, damit sie gleichmäßig garen. Vom Herd nehmen und in der Flüssigkeit beiseite stellen. Sie sind sehr schnell gar, deshalb ist diese kurze Zeit ausreichend. Wenn sie zu lange kochen, werden sie trocken und zäh.

Den Salat putzen, die Blätter verlesen und in das mit kaltem Wasser gefüllte Spülbecken tauchen, schwenken, damit der Sand abgeht. Herausheben, in einer Salatschleuder trocknen oder in ein Küchentuch wickeln und im Kühlschrank kühlen. Ich habe oft Salat auf diese Weise über Nacht aufbewahrt – er bleibt feucht, und die Kälte hält die Blätter frisch.

Das Dressing zubereiten: Den Essig mit Kreuzkümmel, Chili, Salz und Pfeffer in einer Schüssel kräftig mit dem Schneebesen vermischen. Nach und nach das Öl in das Dressing einrühren, bis es emulgiert und leicht eindickt. Abschmecken.

Frühlingszwiebeln putzen und schräg in 1 cm dicke Scheiben schneiden. Zum Dressing geben. Tomaten ausschneiden, quer halbieren und Samen auskratzen. Das Fruchtfleisch kleinwürfelig schneiden und zum Dressing geben.

Die Muscheln abtropfen lassen, Thymian und Lorbeer entfernen. Kochflüssigkeit als einen ausgezeichneten Fonds aufbewahren, um Fische zu pochieren oder als Basis für eine Sauce. Sie läßt sich gut einfrieren. Jakobsmuscheln in das Dressing geben und sorgfältig mit zwei Löffeln durchmischen. Zudecken und ca. eine Stunde kühl stellen.

Kurz vor dem Servieren die Salatblätter auf 4 Tellern anrichten. Die Muscheln abschmecken und auf den Salatblättern anrichten.

Garnelen- und Tintenfischsalat mit Korianderdressing

Mit Garnelen und Tintenfischen anstelle von Muscheln und dem Korianderaroma bekommt der obige Salat eine italienische Note. Nehmen Sie 250 g gekochte und geschälte Garnelen und 500 g rohe geputzte Babytintenfische statt der Muscheln. Die Tintenfische waschen und trocknen. Die Tentakel als ganze Stücke vom Körper abschneiden. Den Körpersack in Ringe schneiden. Die Tintenfische wie die Muscheln dünsten lassen. Dressing wie beschrieben zubereiten, Kreuzkümmel durch Koriander ersetzen. Die Tintenfische abtrocknen, mit den Garnelen vermischen und den Salat wie beschrieben fertig machen.

In Kürze

1 Muscheln pochieren: 375 ml Wasser mit Wein, Thymian und Lorbeer in einer mittelgroßen Stielkasserolle erhitzen.

2 Muscheln abtropfen lassen und Jus in die Pochierflüssigkeit leeren. Muscheln in die Pochierflüssigkeit geben. Bei schwacher Hitze gar kochen lassen und dann vom Herd nehmen.

3 Salat putzen, Blätter verlesen, waschen und trocknen. In den Kühlschrank geben.

4 Vinaigrette aus Essig, Kreuzkümmel, Chili und Öl zubereiten. Abschmecken.

5 Frühlingszwiebeln putzen und schräg schneiden. In das Dressing geben. Tomaten ausschneiden, halbieren und Samen auskratzen. Tomaten würfeln und zum Dressing geben.

6 Muscheln abtropfen lassen, Thymian und Lorbeer entfernen. (Muschelsud als Fonds für später aufbewahren.)

7 Jakobsmuscheln zum Dressing geben und gut vermischen. Ca. 1 Stunde kühl stellen.

8 Salatblätter auf 4 Tellern anrichten. Muscheln mit Salatgewürzen abschmecken und auf die Teller geben.

Flotte Salate

Salat aus gefülltem Hähnchen mit Feigen und Blauschimmelkäse

Vorbereitung: 11 Minuten
Backen: 30–35 Minuten

4 Portionen

Die Kombination aus Hähnchen mit getrockneten Früchten und Blauschimmelkäse mag merkwürdig klingen, gibt aber bei weitem mehr her, als man aufs erste vermuten würde. Das Rezept stammt aus Kalifornien und wurde ursprünglich mit einer besonders intensiv schmeckenden Feigenart (Kalifornische Missionsfeigen) zubereitet. Das Hähnchen kann warm oder kalt serviert und auf Salatblätter wie Rucola, Brunnenkresse oder Radicchio gebettet werden. Für mehrere Personen brauchen Sie ein bißchen mehr Zeit zum Füllen weiterer Hähnchenbrüste.

Vielleicht sollten wir an dieser Stelle über Blattsalate sprechen – egal ob zäh oder zart, pfeffrig oder mild. Salatblätter dienen meistens als Basis eines Salates und nicht als Hauptzutat, und können beliebig ausgetauscht werden, ohne den eigentlichen Charakter des Salates zu ändern. Zögern Sie nicht, Spinat statt Buttersalat oder einen günstigen römischen Salat statt teurem Chicorée zu verwenden. Wählen Sie das beste aus (das ist das Privileg der Köche!), und nehmen Sie, was der Markt an dem jeweiligen Tag zu bieten hat.

4 ausgelöste Hähnchenbrüste
15 g Butter
1 Frühlingszwiebel
60 g Pilze
1 Scheibe Weißbrot
15 g Blauschimmelkäse
30 g getrocknete Feigen
Salz und frisch gemahlener schwarzer Pfeffer

Für den Salat:
1 kleiner Bund Rucola
1 kleiner Radicchio

Für das Dressing:
1 TL Dijonsenf
2 EL Rotweinessig
125 ml Olivenöl

Küchenmaschine

Den Backofen 5 Minuten vor Beginn auf 190 Grad/Gas Stufe 3 vorheizen.

Eine mittelgroße Backform buttern, die restliche Butter in einer Pfanne zergehen lassen. Währenddessen Frühlingszwiebel putzen, diagonal in 1 cm breite Scheiben schneiden und in die Butter geben. Bei geringer Hitze 1–2 Minuten braten, bis sie leicht zart werden.

Stiele der Pilze putzen, Köpfe mit einem feuchten Tuch abtupfen. Sind sie sandig, spülen Sie sie mit kaltem Wasser ab. In 2 oder 3 Stücke schneiden.

In der Küchenmaschine fein hacken. Seien Sie vorsichtig – Pilze haben einen hohen Wasseranteil und werden durch zu langes Hacken flüssig.

Die Pilze zur Frühlingszwiebel rühren, dann salzen und pfeffern und schließlich bei großer Hitze abbraten. Die Hitze entzieht den Pilzen das Wasser, kochen Sie sie deshalb 2–3 Minuten, bis es verdampft.

Inzwischen das Brot in 2–3 Teile reißen, in die Küchenmaschine geben und zu feinen Krumen verarbeiten. Den Blauschimmelkäse mit den Fingern in einer Schüssel zerkrümeln. Die Feigen mit dem Messer putzen und kleinhacken.

Wenn die Flüssigkeit verdampft ist, Pfanne vom Herd nehmen, Brotkrumen, Käse und Feigen unterrühren. Pfeffern und die Füllung vor dem Salzen abschmecken, da der Käse vielleicht salzig genug ist.

Haut von den Hähnchenbrüsten lösen, mit einem scharfen Messer waagrecht der Länge nach Taschen einschneiden – passen Sie auf, daß Sie nicht durchschneiden. Die Füllung gleichmäßig in den Taschen verteilen, verwenden Sie dazu am besten einen Löffel.

Die Hähnchenbrüste in die gebutterte Backform geben, salzen und pfeffern. Gut mit Folie abdecken und 30–35 Minuten garen. Mit der Messerspitze das dickste Stück in der Mitte anstechen – das Fleisch sollte gut durch und der Saft nicht mehr rosa sein. Wenn nötig, 5 bis 10 Minuten länger im Backofen lassen.

Bereiten Sie inzwischen den Salat zu: Rucola mit kaltem Wasser abspülen, Blätter trockenschütteln, Stiele putzen. Radicchio von den Stielen und äußeren Blättern befreien und in Schnitze schneiden (Chiffonade). Die Blätter in eine Schüssel legen, während Sie das Dressing zubereiten.

Senf, Salz und Pfeffer in eine kleine Schüssel geben, Essig hinzugeben und das Öl unter ständigem Rühren gleichmäßig mit dem Schneebesen unterrühren, bis es durch den Senf emulgiert. Abschmecken.

Zum Schluß: Wenn Sie die Hähnchen heiß servieren, gleich nach dem Garen in Stücke schneiden. Kalt geht es leichter. Schneiden Sie jedes diagonal in 4–5 Scheiben, und richten

Salat aus gefülltem Hähnchen mit Feigen und Blauschimmelkäse

Sie die Hähnchen auf Tellern an. Breiten Sie sie fächerartig aus, damit die bunte Füllung sichtbar wird.

Etwa die Hälfte des Dressings über den Salat geben, gut durchmischen und abschmecken. Bei Bedarf nachwürzen. Salat auf den Tellern anrichten, mit dem restlichen Dressing Hähnchen befeuchten.

In Kürze

1 Backrohr 5 Minuten vor Beginn auf 190 Grad/Gas Stufe 3 vorheizen.

2 Mittelgroße Backform buttern. Restliche Butter in der Bratpfanne zerlassen. Frühlingszwiebel diagonal blättrig schneiden, in der Butter auf kleiner Flamme weich werden lassen.

3 Pilze putzen und Kappen abwischen, jeweils in 2–3 Stücke schneiden. In der Küchenmaschine zerkleinern, zur Frühlingszwiebel geben. Salzen und pfeffern. Auf großer Flamme 2–3 Minuten garen, bis die Flüssigkeit verdampft ist.

4 Brot in der Küchenmaschine zerkrümeln. Blauschimmelkäse zerbröseln und Feigen kleinhacken. Wenn die Pilze trocken sind, Pfanne vom Herd nehmen, Brotkrümel, Käse und Feigen einrühren. Füllung nach Geschmack würzen.

5 Haut von den Hähnchen lösen, in jedes Taschen einschneiden. Füllung hineingeben, in die gebutterte Form legen, mit Folie bedecken und 30–35 Minuten garen; größtes Stück mit dem Messer anstechen – der Saft darf nicht mehr rosa sein.

6 Salat zubereiten: Rucola waschen, Radicchio von äußeren Blättern und Stielen befreien, in Streifen schneiden. Dressing bereiten.

7 Hähnchenbrüste heiß oder kalt servieren. Dazu diagonal in 4–5 Stücke schneiden und jeweils fächerförmig auf den Tellern ausbreiten.

8 Hälfte des Dressings über den Salat geben, auf den Tellern anrichten, restliches Dressing über die Hähnchen leeren.

Salat aus Rotkraut, Apfel und Roquefort

Vorbereitung: 10 Minuten
Ruhen: 15 Minuten
Kühlen: bis zu 4 Stunden im Kühlschrank

4 Portionen

½ Kopf Rotkraut (ca. 500 g)
125 ml Rotweinessig
1 großer saurer Apfel
75 g Roquefort

Für das Dressing:
1 EL Dijonsenf
3 EL Rotweinessig
175 ml Walnußöl
Salz und frisch gemahlener schwarzer Pfeffer

Selbst im tiefsten Winter ist so ein Rotkrautkopf garantiert knackig und farbenfroh. Die Farbe verliert sich jedoch schnell, deshalb müssen Sie von Anfang an vorsichtig arbeiten, damit die Blätter schön blaurot bleiben. Zuerst schneiden Sie das Kraut mit einem rostfreien Stahlmesser in Streifen – wenn Sie mit dem Gemüsehobel vertraut sind, so findet er hier seine Verwendung, ansonsten tut's ein großes Küchenmesser. Dann tauchen Sie das Kraut in eine saure Lösung, damit die Farbe fixiert wird. Wir verwenden hier heißen Rotweinessig, ehe wir das Kraut mit einem sauren Apfel mischen.
Das zweite Problem mit Kraut ist seine Zähigkeit, schließlich handelt es sich um eine Winterpflanze. Deshalb soll es in einem Bad aus kochendem Wasser erweicht werden, ehe Sie ein Dressing aus Walnußöl hinzugeben (je mehr Geschmack, um so besser). Nur so, als Salat gegessen, ist diese Mahlzeit ein Appetitanreger. Wer lieber ein deftiges Hauptgericht daraus machen möchte, serviert das Kraut mit warmen Würsten oder knusprigem Schinken obenauf.

In einer mittelgroßen Kasserolle 5–10 Minuten vor Beginn Wasser zum Kochen bringen. Inzwischen Kraut in Streifen schneiden. Die äußeren Blätter entfernen, dann den Strunk ausschneiden. Wenn Sie das Kraut mit der Hand schneiden, legen Sie den Krautkopf mit der Schnittseite nach unten auf das Schneidbrett und schneiden möglichst ganz feine Streifen, immer im rechten Winkel zum Strunk. Zu dicke Streifen entfernen und das Kraut in eine große Schüssel geben.
Essig aufkochen; stehen Sie dabei nicht zu nahe, denn der Dampf brennt in den Augen. Den Essig über das Kraut gießen und gut mischen. Das Kraut wird ein leuchtendes Rot annehmen.
Die Kasserolle vom Feuer nehmen, Kraut hineingeben, zudecken und 2–3 Minuten erweichen.
Inzwischen bereiten Sie das Dressing zu: Senf, Salz und Pfeffer in eine kleine Schüssel geben. Den Essig unterrühren. Unter ständigem Rühren das Öl gleichmäßig eingießen, bis das Dressing durch den Senf emulgiert.
Den Apfel abwischen, Stiel entfernen und Enden ausschneiden. Ich lasse gern die Schale als Farbtupfer daran, Sie können den Apfel aber auch schälen. Halbieren und das Gehäuse ausschneiden. Um den Apfel schnell in grobe Stücke zu teilen, legen Sie jede Hälfte mit der Schnittseite auf ein Küchenbrett. Schneiden Sie sie in 4–5 Scheiben, dann drehen Sie diese um 90 Grad und schneiden Sie wieder vier- oder fünfmal quer durch. Die Apfelstücke zum Dressing geben und gut durchmischen, damit die oberen Teile nicht die Farbe verlieren.
Das Kraut in einem Sieb abtropfen lassen. Mit Küchenkrepp abtupfen und zurück in die Schüssel geben. Apfelstücke und Dressing hinzufügen, alles gut durchmischen und abschmecken. Salate wie dieser werden besser, je länger sie stehen – so können sich die starken Aromastoffe von Kraut, Essig und Walnuß vereinen. 15 Minuten im Kühlschrank ist die Mindestzeit, bis zu 4 Stunden ist sogar besser.
Roquefort kurz vor dem Servieren über den Salat bröseln.

Salat aus Rotkraut, Apfel und Roquefort

In Kürze

1 In einer mittelgroßen Kasserolle 5–10 Minuten vor Beginn Wasser zum Kochen bringen.

2 Inzwischen Kraut in Streifen schneiden und in eine große Schüssel geben. Essig aufkochen, über das Kraut gießen und gut mischen.

3 Kochendes Wasser vom Feuer nehmen, Kraut hineingeben und zugedeckt 2–3 Minuten ziehen lassen.

4 Für das Dressing Senf, Salz und Pfeffer in eine kleine Schüssel geben. Zuerst Essig, dann Öl gleichmäßig hineingießen, bis das Dressing emulgiert

5 Apfel abwischen, Enden und Stiel entfernen, halbieren, Kerngehäuse ausschneiden und in Stücke schneiden. Zum Dressing geben und durchmischen.

6 Kraut in einem Sieb abtropfen lassen, trockentupfen und zurück in die Schüssel geben. Apfelstücke und Dressing dazugeben, gut mischen und abschmecken. Mindestens 15 Minuten kalt stellen.

7 Kurz vor dem Servieren Käse darüberbröseln.

Warmer Friséesalat mit Speck

Vorbereitung: 8 Minuten

4 Portionen

Ich weiß immer, wann der Herbst in Frankreich Einzug hält, denn dann erscheint Salat mit warmem Speck auf den Speisekarten der Bistros. Der warme Speck beweist nicht so sehr den Respekt vor dem kalten Wetter, sondern viel eher vor dem Durchhaltevermögen des Grünzeugs: Frisée, Endivie und Löwenzahn. Das Dressing aus dem heißen Fett des Specks, gefolgt von kochendem Essig, der alles, was sich in der Pfanne angelegt hat, löst, ist ein Weichmacher – nur die faserreichen äußeren Blätter (die ohnehin zugunsten der weißen inneren entfernt werden sollten) bleiben hart. Diesem Rezept habe ich einen Schuß Cognac beigefügt, der das Fett ein bißchen neutralisiert und die Geister belebt. Aus diesem Salat läßt sich mit einem oder zwei hartgekochten Eiern leicht ein Hauptgericht zaubern.

175 g dick geschnittener, geräucherter magerer Speck
1 mittelgroßer Friséesalat oder Endivie (ca. 750 g)
1 EL Öl
3 EL Rotweinessig
3 EL Cognac
frisch gemahlener schwarzer Pfeffer

Schwarte oder Knochen vom Speck entfernen, dann die Scheiben in Streifen schneiden, die auf französisch »lardons« heißen. Die Speckstreifen im Öl in einer Pfanne bei mittlerer Hitze bräunen, bis das Fett ausgelassen ist.

Inzwischen bereiten Sie den Salat vor, rühren Sie jedoch den Speck von Zeit zu Zeit um und achten Sie darauf, daß er nicht anbrennt. Frisée- oder Endiviensalat putzen, Strunk entfernen. Die sehr harten äußeren Bläter entfernen, die inneren weißen und blaßgrünen zerpflücken. Sie müssen sie vielleicht gar nicht einmal waschen. Wenn sie schmutzig sind, tauchen Sie sie in das Spülbecken mit kaltem Wasser und schütteln sie, um den Sand zu entfernen. Mit den Händen herausheben, damit der Schmutz zurückbleibt. Die Salatblätter in einer Salatschleuder oder mit einem Küchentuch trocknen. In eine Salatschüssel geben und zwei Salatlöffel bereit halten.

Den Speck weiterbraten, bis er braun und, wenn Sie mögen, sogar knusprig ist. Das Fett abschöpfen, wenn es bereits mehr als ungefähr 3 Eßlöffel Fett sind. Das heiße Fett und den Speck über die Salatblätter leeren und stark schwenken, damit die Blätter welk werden und gleichmäßig vom Fett überzogen sind.

Die Pfanne wieder erhitzen, den Essig hinzugeben und aufkochen, umrühren, damit sich der angelegte Saft vom Boden der Pfanne löst, und auf die Hälfte einkochen. Nicht über die Pfanne beugen, da der Essigdampf sonst in den Augen sticht.

Die Pfanne vom Herd nehmen, Cognac hinzugeben und mit einem Streichholz anzünden. Wieder ein wenig Abstand halten. Wenn der Cognac nicht sofort brennt, wieder erhitzen. Diese Flüssigkeit über den Salat geben und erneut schwenken. Frisch gemahlenen schwarzen Pfeffer hinzugeben und abschmecken. Bedenken Sie, daß der Speck schon salzig ist, deshalb wird kaum mehr Salz nötig sein. Sofort servieren.

In Kürze

1 Speck quer in Streifen schneiden. Mit Öl in einer Bratpfanne braten, bis er bräunt. Gelegentlich umrühren.

2 Inzwischen Frisée oder Endivie verlesen, harte äußere Blätter entfernen. Blätter nur waschen, wenn es nötig ist. Gut trocknen. In eine Salatschüssel geben.

3 Speck bräunen, das Fett bis auf 3 Eßlöffel abgießen. Heißes Fett und Speck über den Salat leeren und gründlich schwenken.

4 Pfanne wieder erhitzen, Essig hinzugeben und auf die Hälfte einkochen. Umrühren, damit sich die angelegten Säfte vom Pfannenboden lösen.

5 Vom Herd nehmen, Cognac hinzugeben und flambieren.

6 Über Salat leeren und wieder schwenken. Pfeffern, abschmecken und sofort servieren.

Chicoréesalat mit Ziegenkäse auf Toast

Vorbereitung: 8 Minuten
Grillen: 3–5 Minuten

4 Portionen als Vorspeise

Vor zehn Jahren kannte dieses Rezept eigentlich niemand. Inzwischen ist es fast schon so etwas wie ein Klassiker und findet sich auf vielen Speisekarten der Bistros von Lyon bis Los Angeles. Der Unterschied liegt meistens in der Wahl des Salates, und ich tendiere oft zum Chicorée – er ist zwar teuer, doch auch wenig macht viel her. Außerdem ist er am leichtesten von allen Salatsorten vorzubereiten. Er muß nur geschnitten und nicht gewaschen werden. Brunnenkresse läßt sich genauso schnell verarbeiten: ein Dreh, um den Stiel zu entfernen, kurz spülen und fertig. Nun zum Ziegenkäse: Er sollte gerade weich genug sein, daß man ihn verteilen kann, damit er zergeht und gut bräunt.

Mit nur einer Runde Ziegenkäse auf Toast pro Person wie hier ist der Salat eine Vorspeise; erhöhen Sie die Zahl auf drei, und Sie erhalten eine wunderbare Sommermahlzeit.

Salate mit Dressing sind durch das Öl und den Essig nicht die besten Begleiter zum Wein, doch dieses Rezept wiegt das durch den Ziegenkäse wieder auf. Ein Glas Rotwein, wie Beaujolais, paßt ganz gut dazu.

2 kleine Ziegenkäse (ungefähr 175 g)
½ Baguette
2 EL entsteinte schwarze oder grüne Oliven
2 Köpfe Chicorée (ungefähr 375 g)
1 großer Bund Brunnenkresse

Für das Dressing:
1 TL Dijonsenf
2 EL Himbeer- oder Rotweinessig
6 EL Olivenöl
Salz und frisch gemahlener schwarzer Pfeffer

Den Grill 5 Minuten vor Beginn vorheizen.

Dressing zubereiten: Senf, Salz und Pfeffer mit dem Essig in einer kleinen Schüssel mit dem Schneebesen schlagen und vermischen. Nach und nach Öl hinzugießen, ständig weiterschlagen, damit das Dressing emulgiert und leicht eindickt. Das erste Mal abschmecken.

Den Ziegenkäse in vier Scheiben schneiden. Vom Brot 4 Scheiben, ungefähr 1,25 cm dick, abschneiden. Mit dem Dressing bestreichen, damit die Scheiben unter dem Grill schön bräunen. Auf ein Backblech setzen. Oliven blättrig schneiden oder sehr grob hacken und auf dem Brot verteilen. Obenauf eine Scheibe Käse legen und wieder mit dem Dressing bestreichen. Wenn das Brot nicht vollständig vom Käse bedeckt ist, ihn mit einem Messer zum Rand hin verteilen, sonst dörrt das Brot aus.

Auf der zweiten Einschubleiste 3–5 Minuten grillen, bis der Käse schmilzt und braun wird. Inzwischen den Chicorée abwischen und den Strunk abschneiden. Quer in 2 cm dicke diagonale Scheiben schneiden und in eine Schüssel geben.

Mit einem scharfen Dreh die Stiele von der Brunnenkresse lösen. Die Blätter in kaltes Wasser tauchen, mit den Händen herausheben, schütteln und in einem Küchentuch trocknen. In die Schüssel geben. Dressing hinzugeben, mit den Salatlöffeln kräftig unterheben und abschmecken. Meistens werden Sie nachwürzen müssen.

Salat auf vier Serviertellern anrichten. Der Ziegenkäse ist fertig, wenn er leicht geschmolzen und gebräunt ist. Einen Toast auf jeden Salat legen und sofort servieren.

In Kürze

1 Grill 5 Minuten vor Beginn vorheizen.

2 Dressing zubereiten: Senf und Essig mit Salz und Pfeffer in einer kleinen Schüssel mit dem Schneebesen unterschlagen. Nach und nach Öl dazugießen, damit es emulgiert, und abschmecken.

3 Käse in 4 runde Scheiben schneiden und 4 runde Scheiben vom Brot abschneiden. Brot mit Dressing bestreichen, auf ein Backblech legen. Oliven in Scheiben schneiden oder fein hacken und auf dem Brot verteilen. Obenauf Käse geben und wieder mit Dressing bestreichen.

4 Käse 3–5 Minuten grillen, bis er schmilzt und braun wird.

5 Chicorée abwischen, Strunk abschneiden und in 2,5 cm dicke diagonale Scheiben schneiden. Stiele am Bund der Brunnenkresse abdrehen und Blätter waschen. Trocknen und zum Chicorée geben. Mit dem Dressing verrühren und abschmecken. Auf 4 Serviertellern anrichten.

6 Wenn der Käse getoastet ist, einen Toast auf Salat geben und servieren.

Leicht und locker

Ich hätte dieses Kapitel bald »Vegetarisch, aber nicht ganz« genannt. Einige Rezepte sind wirklich vegetarisch, und ein oder zwei (wie die provenzalische Trilogie oder das gebratene Wurzelgemüse mit Walnüssen) sind sogar streng vegetarisch, doch die meisten brauchen Schinken oder Speck oder vielleicht Hühnerbrühe für ein kräftiges Aroma. Manche brauchen daneben Käse wie die Fritatta mit Spinat und Ziegenkäse oder das Blaukäsesoufflé, ein großer Auflauf. Mit ihrer Betonung auf Gemüse sind die Rezepte leicht und gut, gesund und nahrhaft – und eine komplette Mahlzeit.

Die meisten Menschen bevorzugen mittlerweile diese Art der Ernährung, sei es aus gesundheitlichen Gründen oder, wie in meinem Fall, um die vielen verschiedenen Geschmacksrichtungen und Konsistenzen von Gemüsesorten und Obst zu erforschen. Wir können alle davon profitieren, daß das ganze Jahr über exotische Gemüse wie Okraschoten oder Sellerie und sogar Bohnensprossen auf vielen Märkten alltäglich sind. Das Rezept für das gebratene Wurzelgemüse mit Walnüssen bietet die Möglichkeit, ein neues Wurzelgemüse wie Yamsbohnen oder Bataken auszuprobieren. Was das betrifft, kann jede Kürbissorte den Platz des Gemüsekürbis im gebackenen Kürbis mit Pflaumen und Speck einnehmen.

Dieses Kapitel soll Sie zu einigen Experimenten anregen. Gebratene Eier können mit allen Gemüsesorten neben Frühlingszwiebeln aromatisiert werden, und eine Fritattata verlangt nach einer Füllung von Gemüsesorten, die Sie gerade zu Hause haben. Achten Sie nur darauf, daß alles, was Sie kaufen, frisch und vorzugsweise der Jahreszeit angepaßt ist.

Links: Gebackener Kürbis mit Pflaumen und Speck *siehe Seite 90*

Gebackener Kürbis mit Pflaumen und Speck

Vorbereitung: 14 Minuten
Backen: 50–60 Minuten
  (10–12 Minuten in der Mikrowelle)
Lagerung: bis zu 2 Tagen im Kühlschrank

4 Portionen

250 g Speck in dicken Scheiben
100 g Butter
500 g Pflaumen
1,4 kg Kürbisstücke
1 EL brauner Zucker
1 TL geriebener Zimt
1 TL geriebenes Piment
½ TL Salz
½ TL frisch gemahlener schwarzer Pfeffer

Dieses Rezept geht auf das Amerika der Kolonialzeit zurück und ist ein gutes Beispiel für die traditionelle Küche, in der die Zutaten der Saison fast zufällig kombiniert werden. Kürbis und Pflaumen ergeben eine glückliche Einheit, die sich mit salzigem Speck, Zucker und Gewürzen gut verträgt. Solche Köstlichkeiten und süßen Kombinationen waren typisch für diese Zeit. Sie können auch einen anderen Winterkürbis verwenden, beispielsweise einen Butternußkürbis. Zu diesem Gericht paßt gut Pilaf, gebratene Entenbrust oder Schweinekotelett. Man kann problemlos die doppelte oder dreifache Menge von diesem Rezept zubereiten!

Den Backofen 5 Minuten vor Beginn auf 190 Grad/Gas Stufe 3 vorheizen.
Den Speck würfeln. 15 g Butter in einer Bratpfanne erhitzen und den Speck 5–7 Minuten bei mittlerer Hitze sautieren, bis er gebräunt und leicht knusprig ist.
Inzwischen die Pflaumen halbieren, indem man entlang der Einbuchtung schneidet und dreht, damit sich eine Hälfte vom Kern löst. Den Kern mit einem kleinen Messer aus der anderen Hälfte herausstechen. Sorten, bei denen der Kern nicht am Fleisch haftet, werden sich leicht lösen lassen; unglücklicherweise kann man das aber ohne vorheriges Probieren nicht feststellen. In eine große Schüssel geben.
Auf den Speck und die Butter achten. Wenn der Speck gebräunt ist, die restliche Butter dazugeben, die Hitze reduzieren und die Butter im heißen Fett zergehen lassen.
Mit dem Löffel Samen und Fasern aus dem Kürbis kratzen. Den Kürbis mit der flachen Seite auf ein Hackbrett legen und mit einem gezackten Messer die Haut des Kürbis abschneiden. Aufpassen, da die Haut des Kürbis zäh ist und das Messer leicht abgleiten kann. Den Kürbis in Spalten schneiden, dann in 2,5 cm große Würfel. Insgesamt sollte die Menge rund 825 g wiegen. In einigen Geschäften bekommt man kochfertige Kürbisstücke – nehmen Sie in diesem Fall diese. Den Kürbis zu den Pflaumen geben.
Zucker, Zimt, Piment, Salz und Pfeffer unter den Speck und die zerlassene Butter rühren. Die Mischung über die Pflaumen und den Kürbis gießen und mit zwei Löffeln vermengen. Das Fett des Specks und die Butter können stocken, wenn sie auf den kalten Kürbis treffen, doch werden sie in der Hitze des Backofens schnell zergehen.
Die Mischung in einer flachen Gratinform oder einem Mikrowellengeschirr verteilen. Mit Folie bedecken. 50–60 Minuten backen (10–12 Minuten in der Mikrowelle auf hoher Stufe), bis die Pflaumen und der Kürbis weich sind. Heiß servieren. An einem frostigen Abend schmeckt dieses Gericht großartig!

In Kürze

1 Backofen 5 Minuten vor Beginn auf 190 Grad/Gas Stufe 3 vorheizen.

2 Speck würfeln. 15 g Butter in einer Bratpfanne zergehen lassen und Speck 5–7 Minuten braten, bis er leicht gebräunt ist. Restliche Butter in die Pfanne geben, Hitze reduzieren und Butter im Fett zergehen lassen.

3 Inzwischen Pflaumen halbieren, entsteinen und in eine große Schüssel geben. Samen und Fasern aus dem Kürbis entfernen. Haut abziehen und Fleisch in 2,5 cm große Würfel schneiden. Zu den Pflaumen geben.

4 Zucker, Zimt, Piment, Salz und Pfeffer unter Speck und Butter rühren. Über Pflaumen und Kürbis gießen und gut vermischen.

5 Mischung in einer flachen Gratinform oder in Mikrowellengeschirr verteilen und mit Folie bedecken. 50–60 Minuten im Backofen (10–12 Minuten in der Mikrowelle auf hoher Stufe) backen, bis Pflaumen und Kürbis weich sind. Sehr heiß servieren.

Ratatouille à la minute

Vorbereitung: 12 Minuten
Dünsten: 8–10 Minuten
Lagerung: bis zu 2 Tagen im Kühlschrank

4 Portionen

1 Zwiebel
4 EL Olivenöl
1 Aubergine, mittlere Größe, ungefähr 375 g
2 Knoblauchzehen
1 EL geriebener Koriander
1 TL getrocknete Kräuter der Provence oder getrockneter Thymian
1 roter Paprika
1 grüner Paprika
500 g Eiertomaten
2 kleine Zucchini
1 kleiner Bund Basilikum
Salz und frisch gemahlener schwarzer Pfeffer

Wok
Holzspachtel

Elisabeth David, mit ihrer unübertroffenen Kenntnis der französischen Küche, gab mir als erste den Tip für eine gute Ratatouille – ein gehäufter Löffel geriebener Koriander. Dieses Gewürz verbindet Gemüse, Öl und Knoblauch und gibt ihnen einen kräftigen Geschmack, ohne zu dominieren. Der Wok ist meine Idee – dadurch wird nicht nur das Kochen beschleunigt, sondern auch die Ratatouille nicht zu lange gekocht. Das ist besonders in der heutigen Zeit wichtig, in der jeder das Gemüse nur leicht angekocht haben möchte.

Ratatouille ist ein Gericht für den Sommer, wenn die vier Hauptzutaten – Auberginen, Paprika, Zucchini und Tomaten (alles Kletterpflanzen) – am besten schmecken. Servieren Sie die Rataouille nach Belieben entweder heiß, gekühlt oder bei Zimmertemperatur. Dieses Gericht ist eine leichte Hauptmahlzeit oder eine köstliche Beilage zu gegrilltem Fisch oder Hähnchen. Wenn Ihnen etwas übrigbleibt, versuchen Sie die Variante mit Spiegeleiern.

Wenn Sie einen Wok benützen, geben Sie die Gemüsesorten, die langsamer gekocht werden sollen, zuerst hinein. Zwiebel schälen und die Wurzel daranlassen. Der Länge nach halbieren, mit den Schnittflächen auf ein Schneidbrett legen und dünnblättrig schneiden. Den Wok für 10 Sekunden erhitzen, mit ungefähr 2 Eßlöffel Öl die Innenseiten beträufeln und weiter erhitzen, bis das Öl zu rauchen beginnt. Die Zwiebel hineingeben und bei mittlerer Hitze anbraten.

Die Enden der Aubergine abschneiden, ohne sie zu schälen, und der Länge nach halbieren. Mit den Schnittflächen auf das Schneidbrett legen und wieder in Längsrichtung in 3–4 Streifen schneiden. Schließlich quer in 1 cm lange Stücke schneiden. Das ergibt schöne kräftige Stücke. Die Aubergine mit der Zwiebel und dem restlichen Öl verrühren und genügend Salz und Pfeffer hinzufügen. Weiterkochen lassen.

Danach den Knoblauch vorbereiten – wird er zu bald dazugegeben, verbrennt er leicht. Die Knoblauchzehen leicht mit der flachen Klinge eines Messers drücken, damit sich die Haut löst. Mit dem Messer zerdrücken, kleinhacken und zusammen mit dem Koriander und Kräutern der Provence oder Thymian mit dem Gemüse verrühren.

Paprika halbieren, das Kerngehäuse mit der Hand herauslösen und die restlichen Kerne auskratzen. Mit den Schnittflächen auf das Schneidbrett legen und quer in dünne Streifen schneiden. Mit dem Gemüse vermengen.

Kirschtomaten haben eine dünne Schale, deshalb müssen sie nicht geschält werden. Um sie schnell zu putzen: quer halbieren, Samen herauskratzen, mit der Schnittfläche auf ein Schneidbrett legen und erst quer, dann längs in vier Teile schneiden. Zum Gemüse geben. Nun sind 6–8 Minuten vergangen, und das Gemüse sollte langsam weich werden und leicht bräunen.

Zuletzt die Zucchini vorbereiten: Die Enden abschneiden und der Länge nach halbieren. Nebeneinander legen und in 1 cm lange Stücke schneiden. Zum Gemüse geben und dieses abschmecken.

Den Wok zudecken und die Hitze regeln. Das Gemüse sollte schnell kochen, aber nicht verbrennen. Für 8–10 Minuten kochen lassen. Danach sollte das Gemüse weich, aber noch bißfest sein. Soll es weicher werden, etwas länger kochen lassen.

Während des Kochens die Basilikumblätter abzupfen und fein hacken. Wenn die Ratatouille nach Ihrem Geschmack gar ist, das Basilikum dazurühren. Die Ratatouille heiß servieren oder auf Zimmertemperatur abkühlen lassen (dauert rund 30 Minuten). Wenn sie länger stehenbleibt, wird das Aroma milder. Vor dem Servieren noch einmal abschmecken.

Ratatouille à la minute

Spiegeleier mit Ratatouille

Dieses Rezept ist eine Variante von Eiern »au plât«, eine kleine Mahlzeit, die in unzähligen französischen Cafés serviert wird, da sie auf einem transportablen Herd zubereitet werden kann. Das Rezept ist ideal für Ratatouille-Reste, deshalb habe ich es nur für zwei Personen angelegt. Traditionellerweise werden Eier »au plât« in einzelnen Gratinformen gebraten, es können aber auch Auflaufförmchen verwendet werden, besonders dann, wenn die Eier »en cocotte«, d. h. mit Sahne zubereitet werden. In jedes Auflaufförmchen nur jeweils ein Ei hineingeben und pro Person zwei Eier rechnen. Sie müssen mit einer Kochzeit von ungefähr 5 Minuten rechnen.

Den Backofen 5 Minuten vor Beginn auf 190 Grad/Gas Stufe 3 vorheizen. Zwei Gratinformen mit Butter ausstreichen. Man braucht 1–2 Tassen Ratatouille. In einer Bratpfanne erhitzen, umrühren, damit es sich schneller erwärmt, und in die Gratinform geben. Jeweils in der Mitte zwei Vertiefungen machen.

Die Vertiefungen ein wenig mit Salz und Pfeffer bestreuen, damit die Eier gewürzt werden, die dort hineinkommen. Bei umgedrehter Reihenfolge würden die Eier ungleichmäßig gewürzt. 4 Eier aufschlagen und in die Vertiefungen fallen lassen.

Im vorgeheizten Backofen für 8–12 Minuten backen, bis das Eiweiß fest und das Eigelb noch weich ist. Sofort servieren.

In Kürze

1 Zwiebel schälen und dünnblättrig schneiden. Die halbe Menge des Öls in einen Wok geben, die Zwiebel einrühren und bei mittlerer Hitze braten lassen.

2 Auberginen putzen und der Länge nach halbieren. Jede Hälfte in 3–4 Streifen, dann quer in 1 cm lange Stücke schneiden. Mit der Zwiebel, dem übrigen Öl und viel Salz und Pfeffer verrühren. Kochen lassen.

3 Knoblauch schälen und fein hacken. Mit Koriander und Kräutern der Provence oder Thymian zur Aubergine geben.

4 Paprika halbieren, Gehäuse und Samen entfernen. Quer in dünne Streifen schneiden. Mit dem Gemüse verrühren.

5 Tomaten halbieren, Samen auskratzen, dann jede Hälfte in 4 Stücke schneiden. Mit dem restlichen Gemüse verrühren.

6 Schließlich Zucchini putzen, der Länge nach halbieren, dann quer in Scheiben schneiden. Mit dem Gemüse verrühren und abschmecken.

7 Wok zudecken und das Gemüse 8–10 Minuten kochen lassen, bis es weich, aber noch bißfest ist.

8 Inzwischen Basilikumblätter zupfen und fein hacken.

9 Wenn die Ratatouille gar ist, Basilikum unterrühren. Heiß servieren oder 30 Minuten auf Zimmertemperatur abkühlen lassen. Vor dem Servieren abschmecken.

Soufflé mit Blauschimmelkäse

Vorbereitung: 11 Minuten
Backen: 30–40 Minuten

4 Portionen

Dieses Rezept können Sie individuell gestalten, indem Sie weichen oder festen Blauschimmelkäse aus verschiedenen Regionen verwenden, wie etwa Danablu, Stilton oder Gorgonzola – jeder eignet sich. Sie können sogar Parmesan für eine leichtere Soufflévariante oder Gruyère nehmen, der für eine festere Konsistenz sorgt. Ich habe lange über den Titel für dieses Gericht nachgedacht – es bläst sich nämlich riesig auf und ist eigentlich eine Kreuzung zwischen Käse-Brandteig und einem Soufflé. Sie können es in einer großen Gratinform backen, so wie hier, oder in einzelnen Auflaufformen, was schneller geht (15–20 Minuten). Servieren Sie dazu einen Salat aus bitteren Salatsorten und – etwas ausgefallen – ein Glas süße Spätlese.

250 ml Milch
45 g Butter
30 g Mehl
100 g geriebener Parmesan oder Gruyère
125 g Blauschimmelkäse
3 Eier
frisch gemahlener schwarzer Pfeffer

Souffléform für 2 Liter oder tiefe Gratinform

Den Backofen 5 Minuten vor Beginn auf 190 Grad/ Gas Stufe 3 vorheizen.
Die Milch mit 30 g Butter in einer mittelgroßen Kasserolle zum Kochen bringen. Inzwischen etwas Butter in einer Pfanne oder in der Mikrowelle zergehen lassen. Die Auflaufform großzügig buttern – Sie können die Form mit zerlassener Butter auspinseln, 10 Minuten im Kühlschrank erkalten lassen und dann wieder bepinseln: Das garantiert eine dicke Schicht.
Mehl, Parmesan oder Gruyère und Pfeffer in einer Schüssel mischen, einen Eßlöffel Käse übriglassen. Kocht die Milch, und ist die Butter geschmolzen, Pfanne vom Herd nehmen und sofort die Mehlmasse mit dem Schneebesen einrühren. Die Masse soll glatt und dickflüssig sein.
Den Blauschimmelkäse in die Masse krümeln oder würfelig schneiden und die Würfel dazugeben. Gut unterrühren, dann die Pfanne wieder erhitzen und unter ständigem Rühren den Schimmelkäse schmelzen. Die Pfanne sofort vom Herd nehmen, da manche Käsesorten, wie Gruyère, Fäden ziehen, wenn man sie zu lange kocht.
Die Eier nacheinander dazugeben, jedes einzelne gut unterrühren. Ich schmecke die Masse immer in diesem Stadium ab, wenn Sie jedoch Bedenken wegen der rohen Eier haben, muß es nicht sein. Die Masse in die gebutterte Form gießen, mit der restlichen Butter besprenkeln und mit dem Parmesan oder Gruyère bestreuen.
Im vorgeheizten Backofen 30–40 Minuten backen, bis der Teig aufgeht und braun wird. Am Rand sollte er knusprig sein, in der Mitte weich wie ein Yorkshire-Pudding.
Das fertige Gericht auf eine Platte setzen, eine Serviette unterlegen, damit es nicht verrutscht, und sofort zu Tisch bringen. Es fällt sofort zusammen, wenn es abkühlt.

In Kürze

1 Backofen 5 Minuten vor Beginn auf 190 Grad /Gas Stufe 3 vorheizen.

2 Milch und 30 g Butter in einer Pfanne aufkochen. Inzwischen Souffléform gut buttern.

3 Mehl, Parmesan oder Gruyère und Pfeffer in einer Schüssel mischen, einen EL Käse übriglassen.

4 Wenn die Milch kocht und der Käse geschmolzen ist, Pfanne vom Herd nehmen, Mehlmischung einrühren, bis der Teig glatt und dick ist.

5 Blauschimmelkäse unterrühren, Pfanne auf den Herd stellen und rühren, bis der Käse schmilzt.

6 Pfanne vom Herd nehmen, die Eier nacheinander unterrühren. Abschmecken. In die Souffléform gießen, mit restlicher Butter besprenkeln und mit Käse bestreuen.

7 Die Masse 30–40 Minuten backen, bis der Teig aufgeht und braun ist. Sofort servieren.

Gratin aus geriebenen Kartoffeln und Käse

Vorbereitung: 7 Minuten
Backen: 40–50 Minuten
(14–18 Minuten in der Mikrowelle)

4–6 Portionen

30 g Butter
150 ml Sahne
125 g Quark
3 Eier
5–6 Zweige Rosmarin, Salbei oder Thymian
125 g geriebener Gruyère
2 EL Trester oder wahlweise Cognac
½ TL frisch geriebene Muskatnuß
750 g ungeschälte Kartoffeln
Salz, Pfeffer

Küchenmaschine mit einem groben Schneidmesser
flache Backform für 2 Liter

Viele gute Gemüsegerichte stammen aus der französischen Landküche als »Souper« – Abendessen –, das meist mit einer Suppe beginnt, daher der Name »souper«.
Dieser Gratin gelingt am besten mit mehligen Kartoffeln, die in der Küchenmaschine geraspelt und dann mit geriebenem Käse, Quark, Eiern und Sahne vermischt werden. Den Teig bäckt man zu einem knusprigen Kuchen, der in der Mitte weich ist und nach Zutaten wie Speckstreifen oder gekochtem Huhn und nach Walnußstücken oder gerösteten Haselnüssen verlangt. Für mich ist es ein Wintergericht, köstlich mit Löwenzahnsalat oder Winterendivie.
Dieses Rezept stammt aus dem Morvan, einem Ausläufer des Massif Central im Burgund. Dort verstärkt man den Teig mit ein paar Eßlöffeln Trester oder Cognac. Es ist einen Versuch wert!

Den Backofen 5–10 Minuten vor Beginn auf 200 Grad/Gas Stufe 3 vorheizen. Butter in der Backform oder Mikrowellenform verteilen.

Geriebene Kartoffeln verfärben sich sehr rasch, deshalb mischen wir alle anderen Zutaten zuerst. Die Sahne in einer Schüssel unter den Quark rühren – es geht ein bißchen schneller mit dem Elektro-Handmixer. Die Eier dazugeben und eine Minute weiterrühren, bis der Teig glatt ist.

Die Blätter der Kräuter von den Stielen zupfen und grob hacken – den Rosmarin sollten Sie kleinhacken. Die Kräuter zusammen mit dem geriebenen Käse, dem Trester oder Cognac, wenn Sie welchen verwenden, sowie mit Muskat, Salz und Pfeffer in den Teig rühren. Bedenken Sie, daß die Kartoffeln viel Würze brauchen.

Wieder einmal bleibt keine Zeit, die Kartoffeln zu schälen, also nur abspülen und trocknen. Halbieren oder dritteln, in der Küchenmaschine mit einem sehr groben Messer raspeln. Wenn Sie keine Maschine haben, tut es die Küchenreibe auch, allerdings müssen Sie mehr Zeit einplanen. Die geraspelten Kartoffeln in die Käsemasse rühren. Ich schmecke das Ganze nun meist ab, wenn Sie jedoch Bedenken wegen der rohen Eier haben, lassen Sie diesen Schritt einfach aus.

Die Masse in die gebutterte Backform oder Mikrowellenform geben – die Schicht sollte etwa 2,5 cm hoch sein. Ca. 40–50 Minuten im vorgeheizten Backofen oder 14–18 Minuten in der Mikrowelle auf höchster Stufe knusprig backen. Lassen Sie den Gratin ruhig länger im Backofen – auch wenn er übergar ist –, denn knusprig schmeckt er am besten. (Nach dem Backen in der Mikrowelle den Gratin 1–2 Minuten im Grill bräunen.)
Gleich in der Form servieren, in Tortenstücke schneiden.

In Kürze

1 Backofen 5–10 Minuten vor Beginn auf 200 Grad / Gas Stufe 3 vorheizen. Backform oder Mikrowellenform buttern.

2 Sahne mit dem Schneebesen unter den Quark rühren, dann Eier unterrühren. Blätter von den Stielen der Kräuter zupfen und grob hacken. Kräuter, geriebenen Käse, Trester oder Cognac, Muskat, Salz und Pfeffer in den Teig rühren.

3 Kartoffeln abspülen und trocknen, in der Küchenmaschine (gröbstes Messer) oder mit der Küchenreibe raspeln. In die Käsemasse rühren, würzen.

4 Teig in gebutterte Form geben, 40–50 Minuten im Backofen oder 14–18 Minuten in der Mikrowelle (Höchststufe – dann im Grill bräunen) knusprig braun backen. Heiß aus der Backform servieren.

Überbackene Eier mit Zwiebeln und Croûtons

Vorbereitung: 12 Minuten
Backzeit: 12–15 Minuten
(3½ Minuten in der Mikrowelle)

8 Portionen als Vorspeise oder 4 Portionen als Hauptgericht

125 g Butter
4 Frühlingszwiebeln
4 Scheiben Weißbrot
8 Eier
125 ml Crème double
Salz und frisch gemahlener schwarzer Pfeffer

8 kleine Backformen (150 ml)

Seltsam, wie sich Vorlieben für manche Gerichte ändern. Soufflés und Omeletts haben sich behauptet, trotz aller Vorbehalte gegen Gerichte mit Eiern. Kaum jemand kocht jedoch heute ein Ei en cocotte, also in einer Form mit Sahne überbacken. Ob nun ein paar gekochte Garnelen, sautierte Pilze oder die von mir vorgeschlagenen Frühlingszwiebeln und Croûtons zusätzlich Würze verleihen, ist Geschmackssache; das Ei ist jedenfalls in wenigen Minuten gebacken. Einfacher geht es nicht! Freilandeier sind bestens geeignet, falls Sie welche bekommen. In der Mikrowelle läßt sich dieses Gericht schneller als ein weichgekochtes Ei zubereiten.

Den Backofen 5–10 Minuten vor Beginn auf 190 Grad/Gas Stufe 3 vorheizen. Legen Sie ein zusammengelegtes Küchentuch in eine große Bratpfanne und schütten Sie ausreichend Wasser für ein Wasserbad darüber. Bringen Sie das Wasser auf großer Flamme zum Kochen. 30 g der Butter in einer Bratpfanne auf kleiner Flamme zergehen lassen. In der Zwischenzeit entfernen Sie die Wurzeln und Stilenden von den Frühlingszwiebeln und schneiden sie in dünne Ringe. Mit Salz und Pfeffer unter die Butter rühren und auf kleiner Flamme 4–5 Minuten leicht anrösten.

Croûtons: Butter bei niedriger Hitze in einer großen Pfanne zergehen lassen. Brotrinde entfernen und das Brot in 1 cm große Würfel schneiden. Halten Sie einen Schöpfer und einen mit Küchenkrepp ausgelegten Teller bereit. Wenn die Butter nicht mehr schäumt, weil die Molke verdampft ist, Brotwürfel dazugeben. Unter ständigem Rühren rösten, bis die Croûtons gleichmäßig braun sind. Rühren Sie schnell und nehmen Sie die Pfanne vom Herd, falls sie zu schnell dunkel werden. Lassen Sie sie auf dem Küchenkrepp abtropfen. Jetzt sollten die Frühlingszwiebeln weich sein. Verteilen Sie sie in die Formen und geben Sie die Croûtons darüber. Großzügig salzen und pfeffern. In jede Form ein Ei schlagen und einen Eßlöffel Crème double geben, die verhindert, daß das Ei durch zu große Hitze eine Kruste bildet. Seien Sie vorsichtig mit Pfeffer und Salz, denn Pfeffer hinterläßt dunkle Punkte, und Salz verursacht kleine Krater auf den Eiern. Stellen Sie die Formen vorsichtig ins Wasserbad. Das unter die Form gelegte Küchentuch schützt die Eier vor direkter Hitze und verhindert, daß Wasser in die Eier gelangt. Das Wasser wiederum zum Kochen bringen und das Wasserbad in den Backofen stellen. 12–15 Minuten, je nach Dicke der Formen, backen bis das Eiweiß beinahe gestockt ist. Die Eier backen in der noch heißen Form 1–2 Minuten weiter. Wenn sie auf den Tisch kommen, sollte das Eiweiß gestockt, das Eigelb aber noch weich sein. Für die Mikrowelle stechen Sie jedes Eigelb an, damit es beim Kochen nicht aufplatzt. Geben Sie die Formen auf den Drehteller und stellen Sie 3½ Minuten auf Höchststufe. In der Mikrowelle ist kein Wasserbad nötig.

Stellen Sie die Formen auf Teller – mit Grillzangen holen Sie sie aus dem Wasserbad. Die Garnierung entfällt, denn die Überraschung ist das »Darunter«. Die Eier ißt man mit dem Teelöffel.

In Kürze

1 Backofen 5–10 Minuten vor Beginn auf 190 Grad/Gas Stufe 3 vorheizen. Ein gefaltetes Küchentuch auf den Boden einer Bratpfanne legen, Wasser darübergießen und bei hoher Hitze aufkochen lassen.

2 30 g Butter in einer Bratpfanne zergehen lassen. Inzwischen Frühlingszwiebeln putzen und dünnblättrig schneiden. In die Butter rühren, salzen und pfeffern und bei niedriger Hitze 4–5 Minuten garen, bis sie weich und leicht gebräunt sind.

3 Croûtons zubereiten: Die restliche Butter in einer großen Pfanne zergehen lassen. Brot würfeln und die Rinde entfernen. Würfel in die Butter rühren und bei mittlerer Hitze braten. Ständig rühren, damit sie gleichmäßig bräunen. Mit Küchenkrepp trockentupfen.

4 Mit einem Löffel Frühlingszwiebeln in die Auflaufformen und obenauf Croûtons geben. Großzügig würzen. In jede Form ein Ei schlagen und darauf einen Eßlöffel Crème double geben.

5 Auflaufförmchen in ein Wasserbad setzen und vorsichtig zum Kochen bringen. Im Backofen 12–15 Minuten garen, bis das Eiweiß gestockt ist. Auf Serviertellern anrichten. Pro Person mit 2 Eiern rechnen.

● Wenn Sie eine Mikrowelle benutzen, benötigen Sie kein Wasserbad. Eigelb mit der Messerspitze einstechen. Auf hoher Stufe 3½ Minuten garen und servieren.

Frittata mit Tomaten und Oregano

Vorbereitung: 13 Minuten
Braten: 25–35 Minuten

4 Portionen

Die italienische Frittata *wird oft als Omelett bezeichnet, ist aber etwas ganz anderes. Beide werden auf dem Herd gegart, aber ein Omelett wird schnell gebraten und ist außen gebräunt und in der Mitte weich, wohingegen die* Frittata *so langsam wie möglich gegart wird. Die Eier gehen leicht auf und werden zu einem goldbraunen Kuchen, den man in Tortenstücke schneidet und heiß oder kalt serviert. Eine* Frittata *kann mit den unterschiedlichsten Gemüse- oder Käsesorten oder auch mit Fleisch oder Fisch angereichert werden.*

Die Frittata *könnte speziell für unseren Aufenthalt im Burgund erfunden worden sein. Madame Milbert, die Frau des Gärtners, hält Hühner und ein paar Enten, also gibt es immer frische Eier. Im Sommer haben wir jeden Monat die Ernte aus dem Garten, angefangen von grünen Bohnen und Erbsen bis hin zu Artischocken, Spinat, Zucchini und Broccoli. Als Letztes gibt es die Tomaten, die Füllung für die allerbeste* Frittata*, aromatisiert mit unserem eigenen Oregano und Knoblauch. Stupendo! Außer einem Laib herzhaften italienischen Weißbrot sind keine weiteren Beilagen erforderlich.*

Zuerst bereitet man die Füllung für die Frittata *zu. Dann wird die Pfanne ausgewischt, ehe die Eier zusammen mit der Füllung wieder hineinkommen. Eine* Frittata *trocknet leicht aus, deshalb darf die Pfanne nicht zu groß sein, aber auch nicht zu klein, denn sonst brennen die Eier am Pfannenboden an, und die Oberseite ist noch nicht gar. Jeder macht sein Omelett oder seine* Frittata *in einer speziellen Pfanne. Ich neige zur klassischen französischen Edelstahlpfanne mit schrägem Rand. Ein schwerer Boden ist wichtig, damit sich die Hitze gleichmäßig verteilt; auch eine beschichtete Oberfläche kann von Vorteil sein.*

Frittata mit Tomaten und Oregano

2 EL Olivenöl
1 Zwiebel
2 Knoblauchzehen
500 g Eiertomaten
1 großer Bund frischer Oregano
7 Eier
45 g Gruyère, gerieben
30 g Butter
Salz und frisch gemahlener schwarzer Pfeffer

Omelettpfanne mit 25–30 cm Durchmesser

Olivenöl bei gleichmäßiger Hitze in einer Omelettpfanne erwärmen. Beachten Sie, daß die Kochzeit der Frittata von der Größe der Platte abhängig ist. Zwiebel schälen, ein wenig von der Wurzel daranlassen und der Länge nach halbieren. Mit den Schnittflächen auf ein Schneidbrett legen und dünnblättrig schneiden. Die Zwiebel ins Öl geben und bei mittlerer Hitze sautieren.

Mit der flachen Klinge eines Messers leicht auf die Knoblauchzehen drücken, um die Haut zu lockern und zu entfernen. Die Knoblauchzehen mit der Klinge zerdrücken, dann hacken und unter die Zwiebel rühren. Zwiebel und Knoblauch sollen leicht garen, aber nicht braun werden.

Mit einem Messer die Eiertomaten ausschneiden, quer halbieren und die Samen herauskratzen. Mit einem großen Messer in Scheiben schneiden. Dann die Scheiben quer in ziemlich kleine Stücke schneiden. Unter die Zwiebelmischung rühren, salzen und pfeffern und 1–2 Minuten kochen, damit sie gerade weich werden, aber noch nicht zuviel Flüssigkeit abgeben. Für das Schälen der Tomaten bleibt keine Zeit, was der Frittata aber keinen Abbruch tut.

Inzwischen die Oreganoblätter von den Stielen zupfen, dabei die Finger von oben nach unten laufen lassen. Einige Zweige für die Garnierung aufbewahren.

Eier in einer Schüssel aufschlagen, salzen und pfeffern und mit einem Schneebesen glatt und schaumig schlagen. Mit einem Löffel die Tomatenmischung aus der Pfanne (nicht vergessen, daß sie sehr heiß ist) zusammen mit dem Gruyère und dem Oregano unterrühren. Bratpfanne auswischen, wieder erhitzen und Butter hineingeben. Wenn Sie diesen Schritt unterlassen und die Eier direkt zum Gemüse geben, wird die Frittata stocken. Butter erhitzen, bis sie schäumt, dann die Frittatamischung hineingeben. Die Pfanne zudecken und bei mittlerer Hitze 25–35 Minuten garen lassen. Die Frittata wird aufgehen, meistens bis zum oberen Rand der Pfanne. Sie ist durch, wenn sie aufgegangen und auf der Unterseite gut gebräunt ist, wenn man den Rand mit einer Gabel anhebt.

Mit einem Messer am Rand der Frittata entlangfahren, um sie zu lösen, und mit der gebräunten Seite nach oben auf eine große, vorgewärmte Platte geben. Die Oberseite mit Oreganozweigen garnieren. Sie schmeckt auch bei Zimmertemperatur, wenn sie ein wenig zusammenfällt, und entwickelt dann ein intensiveres Aroma.

Frittata mit Spinat und Ziegenkäse

Ich habe Ricotta, den die Italiener nehmen würden, durch frischen Ziegenkäse ersetzt.

In obigem Rezept Zwiebel, Tomaten und Oregano weglassen. Die Stiele von 500 g frischem Spinat entfernen und die Blätter – bei Bedarf – waschen und trocknen.

Öl in einer Pfanne erhitzen und den Spinat dazugeben. Zudecken und bei mittlerer Hitze 1–2 Minuten kochen, bis der Spinat zusammenfällt. Inzwischen Knoblauch schälen und hacken. Den Knoblauch mit ein wenig Salz, Pfeffer und geriebener Muskatnuß unterrühren. Den Spinat nicht zugedeckt 3–5 Minuten weitergaren lassen, gelegentlich umrühren, bis die gesamte Flüssigkeit verdunstet ist.

Während der Spinat kocht, Eier mit Salz und Pfeffer aufschlagen und 250 g frischen zerkrümelten Ziegenkäse dazugeben. Wenn der Spinat gar ist, auf ein Brett geben, damit er leicht auskühlt, grob hacken und unter die Eier rühren. Butter zergehen lassen und die Frittata wie beschrieben zubereiten.

In Kürze

1 Öl in einer Omelettpfanne erhitzen. Zwiebel schälen und blättrig schneiden, ins Öl geben und sautieren. Knoblauch schälen, hacken und unter die Zwiebel rühren.

2 Tomaten ausschneiden, halbieren und Samen herauskratzen. Würfeln, zu den Zwiebeln geben, salzen und pfeffern und 1–2 Minuten sautieren.

3 Inzwischen Oreganoblätter von den Stielen zupfen. Einige Zweige zur Garnierung aufbewahren.

4 Eier mit Salz und Pfeffer in einer großen Schüssel mit dem Schneebesen schlagen, bis sie gut vermischt sind. Mischung aus der Pfanne sowie Gruyère und Oregano unterrühren.

5 Pfanne auswischen und wieder erhitzen. Butter zergehen lassen, bis sie schäumt. Mischung hineinleeren, Pfanne zudecken und bei niedriger Hitze 25–35 Minuten kochen, bis die Oberfläche gestockt und die untere Seite gebräunt ist.

6 Auf eine große, vorgewärmte Servierplatte geben und mit Oregano garnieren. Heiß oder bei Zimmertemperatur servieren.

Leicht und locker

Gebratenes Wurzelgemüse mit Walnüssen

Vorbereitung: 10 Minuten
Braten: 45–55 Minuten
(20–22 Minuten in der Mikrowelle)

4 Portionen

4 mittelgroße Möhren (ungefähr 250 g)
2 weiße Rüben oder ½ Sellerieknolle
ungefähr 250 g Rote Bete
3 mittelgroße Kartoffeln (ungefähr 500 g)
125 ml Walnuß- oder Pflanzenöl
8 Schalotten
8 Knoblauchzehen
2 TL Zucker
1 TL Muskatnuß
½ TL Piment
60 g Walnußstücke
1 TL Salz
½ TL Pfeffer

feuerfeste Backform (ca. 22,5 x 32,5 cm)

Der Trend zum gesunden Gemüse, das ungeschält zubereitet wird, ist ein Segen für vielbeschäftigte Köche. Für dieses Rezept putze ich das Gemüse nur, bürste es ab und schneide es in Stücke, damit die Schnittflächen das Aroma des Öls und der Gewürze aufnehmen können. Eine Prise Zucker hilft, die Süße des Gemüses zu entfalten. Gebratenes Gemüse ist eine wunderbare Beilage zu jeder Art von gegrilltem Fleisch. Versuchen Sie es einmal mit Wildbret!

Den Backofen 5–10 Minuten vor Beginn auf 200 Grad/Gas Stufe 3 vorheizen.
Möhren, Rüben oder Sellerie und Rote Bete putzen. Ein wenig von den grünen Blättern übriglassen. Das Gemüse mit den Kartoffeln in ein Spülbecken mit kaltem Wasser geben und säubern. Herausheben und trockentupfen. Wenn Sie nur vorgekochte Rote Bete bekommen können, um so besser – sie müssen nicht gewaschen werden.
Öl in eine große feuerfeste Backform gießen und bei mittlerer Hitze erwärmen. Sobald das Gemüse geschnitten ist, direkt in das heiße Öl geben.
Möhren vierteln und Rüben der Länge nach halbieren. Wenn eine Sellerieknolle verwendet wird, in 4 Keile schneiden und diese halbieren. Die Bete halbieren und Kartoffeln in 2–3 Stücke schneiden, dabei alle Augen herausstechen. Der Witz beim Braten von Gemüse liegt darin, daß alle Sorten zur gleichen Zeit gar werden. Deshalb sollte Gemüse, das schneller weich wird, wie Kartoffeln, in größere Stücke geschnitten werden. Grundsätzlich brauchen Rüben, Sellerie und Rote Bete gleich lang zum Garen und liegen irgendwo zwischen Kartoffeln und Möhren. Die Schalotten und den Knoblauch mitsamt der Schale dazugeben.
In einer kleinen Schüssel Zucker, Muskatnuß, Piment, Walnußstücke, Salz und Pfeffer vermengen. Über das Gemüse streuen und mit zwei Löffeln locker unterheben, bis alles gut von Öl und Gewürzen überzogen ist.
Die Backform mit einer Folie abdecken und das Gemüse 45–55 Minuten braten, bis es weich und gebräunt ist. Wenn Sie gelegentlich umrühren, wird es eine gleichmäßigere Farbe bekommen.
Für die Mikrowelle das Gemüse auf dem Herd gut bräunen, mit Öl und Gewürzen in ein Mikrowellengeschirr geben und mit Folie abdecken. Auf hoher Stufe 8 Minuten garen. Gründlich durchrühren, wieder zudecken und 8 Minuten weitergaren. Erneut umrühren und nicht zugedeckt 4–6 Minuten länger garen, bis das Gemüse weich ist.
Das Gemüse kann einige Zeit warm gehalten werden, verliert aber an Geschmack, wenn es aufgewärmt wird.

In Kürze

1 Backofen auf 200 Grad/Gas Stufe 3 vorheizen. Gemüse außer Schalotten und Knoblauch putzen. Ein wenig von allem Grün übriglassen. In kaltem Wasser bürsten, gut abtrocknen.

2 Backform mit Öl bei mittlerer Hitze erwärmen. Das geputzte, geschnittene Gemüse hineingeben. Karotten und Rüben vierteln. Sellerie in 4 Keile schneiden und jeden Keil halbieren. Rote Bete halbieren und Kartoffeln in 2–3 Stücke schneiden. Schalotten und Knoblauch mitsamt der Haut dazugeben.

3 In einer kleinen Schüssel Zucker, Muskatnuß, Piment, Walnüsse, Salz und Pfeffer vermischen. Über das Gemüse streuen und gut mischen.

4 Mit Folie bedecken und 45–55 Minuten braten, bis das Gemüse weich und braun ist. Gelegentlich umrühren.

● Wenn eine Mikrowelle benützt wird, das Gemüse auf dem Herd gut bräunen. Gemüse und Gewürze in eine Mikrowellenform geben, mit Folie bedecken und 8 Minuten auf hoher Stufe garen, umrühren und weitere 8 Minuten kochen. Wieder umrühren und nicht zugedeckt 4–6 Minuten kochen, bis es zart ist.

Linsen mit Koriander und Speck

Vorbereitung: 13 Minuten
Kochen: 1–1½ Stunden
Lagerung: bis zu 2 Tagen im Kühlschrank

4 Portionen

An und für sich läßt sich aus Linsen wenig machen, aber ich denke doch, daß Sie diese Mahlzeit, ein einfaches Hauptgericht, genießen werden. Nachdem ich verschiedene Arten von Linsen ausprobiert hatte, fand ich, daß die großen, dunklen, fleischigen sich am besten eigneten. Sie müssen nicht unbedingt vor dem Kochen eingeweicht werden, allerdings sollten sie unbedingt vorher gewaschen werden.
Das Gericht kann leicht aufgewärmt werden und paßt vorzüglich zu Wild oder Schwein, kann aber genausogut als einfaches Hauptgericht eingeplant werden. Wenn Ihnen etwas übrigbleibt, pürieren Sie die Linsen in der Küchenmaschine und verdünnen Sie das Püree mit etwas Wasser zu einer Suppe. Die doppelte Menge für acht Personen ist leicht herzustellen, verlängert allerdings die Kochzeit um mindestens 15 Minuten.

150 g magerer Speck
2 EL Pflanzenöl
2 Zwiebeln
4 Möhren
500 g Linsen
3 Lorbeerblätter
1 EL Salz oder nach Belieben mehr
1 TL frisch gemahlener schwarzer Pfeffer oder nach Belieben mehr
20 g Koriander

Den Speck in Streifen schneiden, die Schwarte entfernen und die Streifen quer würfeln. Öl in einer schweren Kasserolle erhitzen und den Speck bei mittlerer Hitze sautieren. Inzwischen die Zwiebeln schälen und ein wenig von der Wurzel daranlassen. Halbieren und dünnblättrig schneiden. Unter den Speck rühren und weitersautieren.
Die Möhren putzen und in kaltem Wasser spülen. Machen Sie sich jedoch nicht die Mühe, sie zu schälen. Der Länge nach vierteln und quer in grobe Würfel schneiden. Unter Speck und Zwiebeln rühren.
Die Linsen in ein Sieb geben und mit kaltem Wasser spülen, mit der Hand rühren, damit sie gründlich gewaschen werden. Unter den Speck und das Gemüse rühren, 1 Liter Wasser dazugießen, Lorbeerblatt, Salz und Pfeffer dazugeben. Zudecken und zum Kochen bringen.
Inzwischen die Koriandersamen locker in Plastiksäckchen oder eine Plastikfolie wickeln. Mit dem Boden einer schweren Pfanne grob zerdrücken und unter die Linsen rühren.
Wenn die Linsen kochen, die Hitze reduzieren und den Topf halb zudecken, damit die Linsen sanft garen. So lange bei schwacher Hitze kochen lassen, bis das Wasser aufgesaugt wurde. Das dauert je nach Sorte zwischen 1 und 1½ Stunden.
Wenn das Wasser ganz aufgenommen wurde, umrühren und die Linsen probieren. Sie sollten sehr weich sein; wenn nicht, eine weitere Tasse Wasser dazugießen und 10–15 Minuten länger kochen lassen.
Kochen Sie die Linsen sehr gründlich. Wenn man sie noch kauen muß, sind sie schwerverdaulich. Es ist bekannt, daß sie dann Blähungen verursachen. Man kann dieses Gericht gut aufbewahren und wieder erwärmen.
Vor dem Servieren Lorbeerblätter entfernen und die Linsen abschmecken.

In Kürze

1 Speck würfeln und mit Öl in einer schweren Kasserolle sautieren. Zwiebeln schälen und in Scheiben schneiden. Unter den Speck rühren und weitersautieren. Möhren schälen und würfeln, in die Pfanne geben und sautieren.

2 Linsen in ein Sieb geben und gründlich unter kaltem Wasser waschen. Mit 1 Liter Wasser, Lorbeerblättern, Salz und Pfeffer zu Speck und Gemüse geben. Zugedeckt zum Kochen bringen.

3 Inzwischen Koriandersamen in ein Plastiksäckchen oder eine Folie wickeln und mit einer schweren Pfanne zerstoßen, bis sie grob zermahlen sind. Unter die Linsen rühren.

4 Hitze reduzieren und Linsen halb zugedeckt je nach Sorte 1–1½ Stunden bei schwacher Hitze kochen lassen.

5 Wenn das ganze Wasser aufgenommen wurde, umrühren und Linsen probieren, ob sie weich sind. Wenn nicht, ein wenig mehr Wasser dazugeben und 10–15 Minuten länger kochen lassen.

6 Vor dem Servieren Lorbeerblätter entfernen und abschmecken.

Provenzalische Trilogie

Vorbereitung: 12 Minuten
Backen: 30–40 Minuten
Lagerung: bis zu 2 Tagen im Kühlschrank

4 Portionen

Die Farben dieses Gerichts – das Rot der Tomaten, das Violett der Auberginen und das Grün von Zucchini und Kräutern – lassen einen sofort an die Provence denken. Das Gemüse wird einfach in Scheiben geschnitten, überlappend in eine Backform gelegt und mit Knoblauch und Olivenöl gebacken. Das geht auch mit anderen Gemüsesorten gut: Zum Beispiel können Sie entkernte und gewürfelte rote oder grüne Paprika dazugeben, dünnblättrig geschnittene süße Zwiebel oder sogar aufgeschnittenen Kürbis, wie Sommer- oder Butternußkürbis. Für einen warmen Sommerabend ist das eine komplette Mahlzeit. Es ist auch eine ideale Begleitung zu Lammbraten oder kurz gebratenen Lammkoteletts. In der Provence ist die Backform aus glaziertem Ton, damit sich die Hitze gleichmäßig verteilt. Sie können auch jedes andere feuerfeste Geschirr verwenden, vorzugsweise rechteckig, damit das Gemüse leichter anzurichten ist.

3 Knoblauchzehen
1 großer Bund gemischter Kräuter, wie Rosmarin, Thymian, Basilikum, Salbei und Oregano
125 ml Olivenöl
1 mittelgroße Aubergine (ungefähr 750 g)
2 sehr große Tomaten (ungefähr 750 g)
2 mittelgroße Zucchini (ungefähr 500 g)
Salz und Pfeffer
½ Zitrone

Küchenmaschine
Backform (ca. 22,5 x 32,5 cm)

Den Backofen 5 Minuten vor Beginn auf 190 Grad/Gas Stufe 3 vorheizen.
Damit sich die Haut vom Knoblauch löst, jede Zehe leicht mit der flachen Klinge pressen, dann die Haut abziehen. Die Kräuter von den Stielen zupfen. Knoblauch und Kräuter zusammen mit der halben Menge Olivenöl in eine Küchenmaschine geben und 15–20 Sekunden grob hacken. Den Boden der Gratinform mit der Mischung bestreichen.
Die Aubergine in 1 cm dicke Scheiben schneiden, die Enden entfernen. Die Tomaten quer in Scheiben schneiden und die Enden entfernen. Die Zucchini ein wenig dünner schneiden und ebenfalls die Enden wegschneiden. Sie werden sehen, daß das schnell geht, da das Gemüse nicht geschält wird, damit es sein Aroma behält. Um es schnell zu würzen, auf dem Schneidbrett auflegen und mit Salz und Pfeffer bestreuen.
Das Gemüse überlappend und möglichst aufrecht in die Form schichten. Während des Kochens werden sie weich und fallen zur Seite. Jeweils 2 Scheiben Zucchini an eine Scheibe der Auberginen und der Tomaten anlegen. Das restliche Öl darüberträufeln.
Das Gemüse im vorgeheizten Ofen 30–40 Minuten backen, bis es weich und leicht gebräunt ist. Von Zeit zu Zeit probieren. Wenn das Gemüse trocken wird, mit ein wenig Olivenöl besprenkeln.
Das Gemüse kann heiß serviert werden. Im Sommer schmeckt es aber auch hervorragend, wenn es Zimmertemperatur hat; in diesem Fall beträufeln Sie es vor dem Servieren mit ein wenig Zitronensaft.

In Kürze

1 Backofen 5 Minuten vor Beginn auf 190 Grad/Gas Stufe 3 vorheizen.

2 Knoblauch schälen und Kräuter von den Stielen zupfen. Knoblauch und Kräuter mit der halben Menge Öl in eine Küchenmaschine geben und grob hacken. Auf dem Boden der Backform verteilen.

3 Auberginen und Tomaten in 1 cm dicke Scheiben schneiden, die Zucchini ein wenig dünner schneiden; Enden jeweils entfernen. Scheiben auf dem Schneidbrett auflegen und mit Salz und Pfeffer bestreuen.

4 Das Gemüse überlappend und möglichst aufrecht in die Form schichten. Jeweils 2 Zucchinischeiben an eine Scheibe Aubergine und Tomate anlegen. Das restliche Öl darüberträufeln.

5 Für 30–40 Minuten backen, bis das Gemüse weich und leicht gebräunt ist. Wenn es austrocknet, mit ein wenig mehr Öl besprenkeln.

6 Heiß oder mit Zimmertemperatur, mit ein wenig Zitronensaft beträufelt, servieren.

Ein schnelles Finale

Vielleicht liegt der Grund, daß Desserts soviel Freude bereiten, darin, daß sie eher Luxus als Notwendigkeit sind. In den letzten Jahren habe ich dazu ein paar einfache Ideen entwickelt. Einige Desserts sind kaum aufwendiger als der traditonelle französische Abschluß eines Essens – Käse und Früchte. Zum Beispiel können Sie in kürzester Zeit frisches Obst in Wein, Karamel oder Honig einlegen oder Pfirsiche in einem Sirup aus gewürztem Rotwein pochieren. Sie können Weißweingranité einfrieren, und wie durch Zauberei wird daraus dank dem Zucker und dem hohen Alkoholgehalt kristallisierter Schnee.

Der nächste Schritt besteht darin, Eiweiß oder Sahne mit einem Mixer zu schlagen. Auch das dauert nur 2–3 Minuten und reicht bereits für eine Schokomousse oder für ein Himbeerfool aus geschlagener Sahne mit Beeren und geriebener Schokolade. Wir können sogar einen Kuchen in 15 Minuten vorbereiten, wie den Bretonischen Butterkuchen. Er benötigt nur 4 Zutaten, die alle in jedem Vorratsschrank vorhanden sind. Für festlichere Gelegenheiten kann ein Soufflé erstaunlich schnell zubereitet werden. Im Sommer können Sie eine Crème brûlée mit einer Sahnehaube, belegt mit Erdbeeren und garniert mit Karamel, servieren. All das kann gut innerhalb unseres 15-Minuten-Limits vorbereitet werden.

Denken Sie nicht einmal daran, übliches Gebäck oder Kuchen in 15 Minuten zuzubereiten, da der Teig viel zu lange dauert. Eingefrorener Strudelteig ist hingegen eine andere Sache. Mit ein paar Butterflöckchen wird er wunderbar knusprig. Hier empfehle ich Ihnen eine traditionelle Fülle aus Kirschen, Zimt und braunem Zucker und als Abwechslung eine marokkanische Galette, gefüllt mit Trockenfrüchten und Schokolade.

Wenn ich Gäste erwarte, bereite ich zuerst das Dessert zu. Alle kalten Desserts lassen sich gut lagern, deshalb können sie bereits am Vortag zubereitet werden. Die heißen Desserts sind schnell zuzubereiten, mit Ausnahme der warmen Erdbeercreme brauchen sie allerdings einige Zeit zum Kochen. Deshalb ist es nur gut, daß sie erst am Ende der Mahlzeit aufgetragen werden. Nach einem Glas Wein und einem gemütlichen Hauptgang wird aber selbst ein flacher Pflaumenkuchen perfekt gelingen!

Links: Pfefferbirnen in Rotwein *siehe Seite 106*

Siehe hintere Umschlagseite

Pfefferbirnen in Rotwein

Vorbereitung: 8 Minuten
Kochzeit: 30–40 Minuten
(10–12 Minuten in der Mikrowelle)
Lagerung: bis zu 2 Tagen im Kühlschrank

4 Portionen

4 große Birnen mit Stiel (ungefähr 1 kg)
100 g Zucker
1 Flasche (750 ml) Rotwein
1 Zimtstange
1 Eßlöffel schwarze Pfefferkörner
1 Zitrone

Dieses Dessert wird in Ihrer Küche den warmen, würzigen Geruch von Glühwein entfalten. Nehmen Sie keinen besonderen Jahrgang, doch verwenden Sie einen dieser fruchtigen Weine, die im Glas nach Beeren schmecken – sie ergeben einen köstlichen, vollaromatischen Sirup zum Pochieren.
Obwohl jede feste Birne geeignet ist, sind längliche Birnen am besten, da sie während des Kochens ihre Form beibehalten. Sie können bis zu einem Dutzend Birnen auf einmal pochieren. Es hängt nur von der Flüssigkeitsmenge ab. Achten Sie darauf, daß die Birnen immer gut mit der Flüssigkeit bedeckt sind. In der Mikrowelle sparen Sie Zeit.
An frostigen Tagen serviere ich die Birnen warm mit einer Scheibe Bretonischen Butterkuchens (siehe Seite 121) oder mit knusprigen Ingwerbiskuits zum Eintauchen. Im Sommer kühle ich die Birnen, gebe sie in eine gekühlte Schale auf ein Bett aus Vanilleeis und löffle den dunklen, glänzenden Jus darüber.

Geben Sie Zucker, Wein, Zimtstange und Pfefferkörner in eine kleine Pfanne, die gerade groß genug ist, damit die Birnen Platz haben, und die tief genug ist, damit sie von der Flüssigkeit ganz bedeckt werden.
Bringen Sie die Flüssigkeit langsam zum Kochen und rühren Sie ein oder zweimal um. Achten Sie darauf, daß sich der Zucker ganz aufgelöst hat, ehe die Flüssigkeit kocht, sonst würde er kristallisieren. Reiben Sie die Zitronenschale und geben Sie sie in den Sirup. Wenn Sie einen Mikrowellenherd benutzen, kochen Sie die Flüssigkeit in einem geeigneten Gefäß 3 Minuten auf höchster Stufe.
Inzwischen schälen Sie die Birnen, lassen aber den Stiel daran und schneiden nur den Strunk heraus. Der Stiel sieht nicht nur hübsch aus, sondern hilft auch, die Birne anzuheben. Um Verfärbungen zu vermeiden, geben Sie sie sofort in die Flüssigkeit, selbst wenn diese noch nicht kocht. Wenn möglich, aufrecht stellen. Legen Sie einen schweren hitzebeständigen Teller auf die Birnen, damit sie völlig von Flüssigkeit bedeckt sind, sonst bekommen sie einen weißen Rand.
Lassen Sie den Sirup einmal aufkochen und pochieren sie die Birnen bei sehr schwacher Hitze 30–40 Minuten, bis sie durchscheinend aussehen und zart sind, wenn Sie sie mit einem Messer anstechen. Die Kochzeit ist sehr von der Reife der Birnen abhängig. Achten Sie darauf, daß die Birnen wirklich gar sind, sonst verfärben sie sich rund um das Gehäuse. Als Alternative Birnen in ein Mikrowellengeschirr geben, knapp mit Flüssigkeit bedecken und 10–12 Minuten auf hoher Stufe garen, bis sie weich sind.
Geben Sie die Birnen in eine Schüssel und schneiden Sie, wenn sie nicht aufrecht stehen, eine dünne Scheibe an der unteren Seite ab. Achten Sie darauf, daß keine Pfefferkörner an ihnen haften.
Rühren Sie die Flüssigkeit um, damit sich alle Gewürze vom Boden der Pfanne lösen. Stellen Sie die Pfanne wieder auf die Platte und lassen Sie die Flüssigkeit nicht zugedeckt 7–10 Minuten kochen. Reduzieren Sie den Sirup, bis er dunkel und voll, aber nicht klebrig ist (am besten probieren). Gießen Sie den Sirup über die Birnen.

Würzige Feigen in Rotwein

Feigen verbreiten ein ähnliches Glühweinaroma wie Birnen, doch ihre Kochzeit ist viel kürzer. Ich ziehe es vor, in Scheiben geschnittenen frischen Ingwer statt Pfefferkörner dazuzugeben. Für eine neue Note ist Frischkäse oder Joghurt als Zugabe ein angenehmer Kontrast.

Bereiten Sie den Sirup wie oben beschrieben zu. Ersetzen Sie die Pfefferkörner durch ein walnußgroßes Stück frischen, in dünne Scheiben geschnittenen Ingwer. Statt der Birnen geben Sie 12 violette oder grüne Feigen in die heiße Flüssigkeit – die Feigen sollten alle den Boden der Pfanne berühren.

Bringen Sie die Flüssigkeit zum Kochen und pochieren Sie die Feigen 4–6 Minuten nicht zugedeckt bei schwacher Hitze, bis sie zart sind.

Reduzieren Sie die Hitze und geben Sie die Feigen auf einen Teller, indem Sie sie am Stiel hochheben oder eine Schöpfkelle benutzen. Erhitzen Sie die Flüssigkeit erneut und kochen Sie sie für 8–10 Minuten ein, bis der Sirup glänzend und leicht dicklich wird.

Währenddessen entfernen Sie die Stiele der Feigen; schneiden Sie jede kreuzweise tief ein, so daß das Fruchtfleisch zu sehen ist. Geben Sie die Feigen in 4 einzelne flache Schüsseln. Gießen Sie die Flüssigkeit in eine Kanne und träufeln Sie sie über die Feigen. Warm oder gekühlt servieren.

In Kürze

1 Zucker, Wein, Zimtstange und Pfefferkörner in eine kleine tiefe Pfanne geben und langsam zum Kochen bringen. Zitronenschale reiben und nach dem Aufkochen dazugeben.

2 Währenddessen Birnen schälen und Fruchtende herausschneiden. Sofort Birnen in die Flüssigkeit tauchen, nach Möglichkeit aufrecht stellen. Einen kleinen hitzebeständigen Teller darübergeben, damit sie vollständig von der Flüssigkeit bedeckt sind.

3 Einmal aufkochen und 30–40 Minuten ziehen lassen, bis die Birnen sehr weich sind, wenn man sie mit einem Messer einsticht.

• Als Alternative die Birnen in ein Mikrowellengeschirr geben, knapp mit Flüssigkeit bedecken und 10–12 Minuten auf hoher Stufe weichkochen.

4 Birnen in eine Schüssel geben. Flüssigkeit nicht zugedeckt 7–10 Minuten einkochen lassen, bis sie dunkel und dick ist. Über die Birnen gießen.

Kirschenstrudel

Vorbereitung: 11 Minuten
Backen: 25–30 Minuten

4 Portionen

Richtiger Strudelteig ist nicht nur zeitaufwendig, sondern es verlangt auch einiges an Übung, den elastischen Teig auf ca. einem Quadratmeter so dünn auszurollen, daß man dahinter eine Zeitung lesen könnte. Fertig gekaufter Strudelteig ist vielleicht trockener und nicht so zart, doch dafür ist er mürber und ungleich schneller zuzubereiten. Sie brauchen nur wenige Minuten, um die einzelnen Teigschichten mit geschmolzener Butter zu bestreichen, dann geben Sie die altbewährte Fülle aus Kirschen, Zimt, Zitronen und braunem Zucker darüber und rollen den Teig schließlich mit Hilfe eines Küchentuches ein. Dieses Rezept geht davon aus, daß Sie eine Dose entkernter Kirschen verwenden – Sauerkirschen sind am besten. Wenn Sie die Zeit finden, frische Kirschen zu entkernen, wird Ihre Mühe jedoch allemal belohnt werden. Servieren Sie den Strudel warm oder bei Zimmertemperatur und reichen Sie dazu am besten eine Schale mit saurer Sahne.

Ein schnelles Finale

Kirschenstrudel

45 g ungesalzene Butter
1 Zitrone
60 g brauner Zucker
½ TL geriebener Zimt
375 g entkernte Sauerkirschen
4 große Stücke Strudelteig (ca. 60 g)
Puderzucker zum Bestreuen

Das Backrohr 5 Minuten vor Beginn auf 190 Grad/Gas Stufe 3 vorheizen.
Butter auf kleiner Flamme oder in der Mikrowelle zergehen lassen. Zitronenschale fein raspeln. Das geht leichter, wenn Sie über die Reibe ein Stück Plastikfolie spannen und die Schale darüberreiben – sie bleibt auf der Plastikfolie. Zitronenschale mit dem braunen Zucker und Zimt in einer kleinen Schale vermischen. Kirschen abtropfen lassen.
Die Butter vom Herd nehmen. Halten Sie ein feuchtes Küchentuch bereit, denn der Blätterteig trocknet rasch aus. Legen Sie ein trockenes Tuch auf die Arbeitsfläche, mit der schmalen Seite zu Ihnen. Teig auspacken und auf das trockene Tuch legen, ebenfalls mit der schmalen Seite zu Ihnen. Die restlichen Blätter mit dem feuchten Tuch bedecken. Den Teig mit zerlassener Butter beträufeln. Jeweils mit etwa einem Viertel der Kirschen und der Zuckermischung belegen. Das nächste Teigblatt darüberlegen, mit Butter bestreichen und wieder mit der Füllung belegen. Wiederholen Sie den Vorgang, bis die ganze Füllung aufgebraucht ist. Übriggebliebenen Teig gut verpacken und für eine spätere Verwendung aufbewahren.
Um die gefüllten Schichten besser rollen zu können, schlagen Sie die beiden Ihnen zugewandten Teigenden ca 2,5 cm ein. Heben Sie das Küchentuch nun an einem Ende an, und der Teig läßt sich zu einer ziemlich festen Rolle drehen. Rollen Sie weiter, bis die Füllung ganz eingeschlossen ist. Bestreichen Sie ein Backblech mit Butter und legen Sie den Strudel darauf. Oberseite mit Butter bestreichen.
Im vorgeheizten Backofen 25–30 Minuten knusprig braun backen, testen Sie mit einem Spieß, den Sie rund 20 Sekunden in die Mitte des Strudels halten. Er sollte an der Spitze heiß sein, wenn Sie ihn herausziehen.
Strudel 10 Minuten auf dem Blech abkühlen lassen. Wenn Sie ihn warm servieren, bestreuen Sie ihn großzügig mit Puderzucker und schneiden Sie ihn sofort schräg in 4 Schnitten, verwenden Sie dazu ein Messer mit gezackter Klinge.
Wenn Sie den Strudel kalt servieren, bestreuen Sie ihn mit Puderzucker und schneiden Sie ihn erst vor dem Essen auf, damit er saftig bleibt. Reichen Sie eine Schale mit saurer Sahne dazu.

In Kürze

1 Backofen 5–10 Minuten auf 190 Grad/Gas Stufe 3 vorheizen.

2 Butter zergehen lassen und Zitronenschale fein reiben. Schale mit Zimt und Zucker in einer kleinen Schüssel mischen. Kirschen abtropfen lassen.

3 Trockenes Tuch auf Arbeitsfläche legen, schmale Seite Ihnen zugewandt. Teigblätter auspacken und ein Blatt auf das Tuch legen. Restliche Teigblätter mit einem feuchtem Tuch bedecken, damit sie nicht austrocknen. Teigblatt mit Butter bestreichen und mit einem Viertel der Kirschen und Zuckermischung belegen. Mit weiterem Teigblatt bedecken, buttern und füllen. Insgesamt 4 Blätter und die gesamte Füllung verwenden.

4 Die Ihnen am nächsten liegenden Teigenden ca. 2,5 cm einschlagen. Küchentuch an einem Ende hochziehen und Teig fest zusammenrollen. Backblech mit Butter bestreichen, Strudel darauflegen. Oberseite mit Butter bepinseln.

5 Für 20–30 Minuten knusprig braun backen. Mit einem Spieß in der Mitte einstechen, nach 20 Sekunden herausziehen. Er sollte sich heiß anfühlen.

6 Heiß oder bei Zimmertemperatur servieren. Erst vor dem Servieren großzügig mit Puderzucker bestreuen, schräg mit einem Wellschliffmesser in 4 Schnitten schneiden, Enden entfernen. Schale mit saurer Sahne dazu reichen.

Siehe Seite 6

Pflaumenkuchen

Vorbereitung: 8 Minuten
Backen: 50–60 Minuten
Ruhen: 5–10 Minuten

4 Portionen

Es ist wirklich seltsam, daß das Prinzip des Yorkshire-Puddings, also eines flachen Kuchens, sich in England so selten als Dessert durchsetzt. Die französische Version des Puddings, clafoutis *genannt, stammt aus Mittelfrankreich. Jetzt findet man ihn überall, angepaßt an die Früchte und den Alkohol des jeweiligen Landes. Die traditionellen* clafoutis *werden mit kleinen Sauerkirschen gemacht, die jedoch nur sehr kurz Saison haben. Deshalb rate ich zu Pflaumen oder Backpflaumen. Aprikosen sind auch eine Möglichkeit. Wenn Sie wirklich Kirschen verwenden, dann mit den Kernen: Sie geben ein gutes Aroma.*

Der Alkohol, der in letzter Minute über den Pudding kommt, sollte die Früchte hervorstreichen – Slibowitz oder weißer Pflaumenschnaps eignen sich für Pflaumen oder Backpflaumen, Aprikosenlikör eignet sich für Aprikosen und Kirschwasser für Kirschen. Wenn Kinder mitessen, können Sie den Alkohol weglassen und eine Schale Naturjoghurt, Eiercreme oder auf französische Art Crème fraîche dazu reichen.

500 g Pflaumen oder
250 g Backpflaumen, entsteint
Butter für die Form
60 g Zucker und ein wenig mehr für die Form
4 Eier
30 g Mehl
eine Prise Salz
250 ml Milch
3 EL Slibowitz oder andere Spirituosen (siehe oben)
Puderzucker zum Bestreuen

flache Backform für 1,5 l

Den Backofen 5 Minuten vor Beginn auf 190 Grad / Gas Stufe 3 vorheizen.
Backform mit Butter bestreichen, mit Zucker bestreuen und die Form schütteln, so daß sie gut bedeckt ist. Überschüssigen Zucker wegleeren.
Die Pflaumen in einem Sieb unter kaltem Wasser abspülen. Mit einem kleinen Messer entlang der Naht der Frucht halbieren, dann den Kern lösen. Die Pflaumenhälften in die Backform geben. Sie sollten alle den Boden der Backform berühren. Wenn Sie Backpflaumen verwenden, streuen Sie sie ebenfalls in die Form.
Bereiten Sie nun den Teig zu: Zucker in eine Schüssel geben, Eier aufschlagen und 1–2 Minuten mit dem Schneebesen leicht schaumig schlagen. Mehl und Salz unterrühren, bis der Teig glatt ist. Versuchen Sie nicht, den Teig zu schlagen, das würde nur die Gluten im Mehl entfalten, und der Pudding würde hart. Die Milch einrühren. Den Teig über die Pflaumen beziehungsweise Backpflaumen sieben. Das Sieb läßt größere Klumpen im Mehl nicht durch.
Den Pudding im vorgeheizten Backofen 50–60 Minuten braun backen. Der Teig sollte in die Höhe gehen, in der Mitte fest sein und sich von den Rändern der Backform lösen.
5–10 Minuten auskühlen lassen, dann mit dem Alkohol besprenkeln. Großzügig mit Puderzucker bestreuen und warm servieren.

In Kürze

1 Backofen 5 Minuten vor Beginn auf 190 Grad/Gas Stufe 3 vorheizen.

2 Backform mit Butter bestreichen, mit Zucker bestreuen. Pflaumen abspülen und halbieren, entkernen. In die Backform geben.

3 Für den Teig Eier und Zucker in einer Schüssel schlagen. Mehl und Salz hinzugeben, gut durchrühren. Milch einrühren. Teig über die Früchte sieben.

4 Für 50–60 Minuten braun backen, bis der Teig aufgeht. 5–10 Minuten auskühlen lassen, dann mit Alkohol besprenkeln. Großzügig mit Puderzucker bestreuen, warm servieren.

Ein schnelles Finale

Orangensalat mit Nußkaramel

Vorbereitung: 14 Minuten
Kühlen: 30 Minuten bis
zu 24 Stunden im
Kühlschrank

4 Portionen

150 g Zucker
Pflanzenöl für das Backblech
60 g Pecannüsse oder
  Walnußhälften
4 große Navelorangen

Nur wenige Desserts sind erfrischender als dieser einfache Salat. Suchen Sie nach großen Navelorangen – erkennbar durch das »Navel«-Zeichen einer kleinen Orange am Ende der Frucht –, die keine Kerne haben und ausgezeichnet in Scheiben zu schneiden sind. Dieses Rezept kann auch mit Blutorangen zubereitet werden. Da diese kleiner sind, müssen Sie mit zwei Stück pro Person rechnen. Hier bereiten wir noch ein Karamel mit Zuckersirup zu, um die Orangen zu süßen und Aroma zu geben. Die Hälfte des Karamels ist gemischt mit Nüssen und gehärtet. Es kann deshalb zerhackt werden und ergibt eine knusprige Garnierung, während der Rest für eine Sauce in Wasser aufgelöst wird.

Für den Karamel brauchen Sie eine kleine Pfanne mit einem dicken Boden. Die Hitze wird dadurch verteilt, und der Sirup bräunt gleichmäßig. Den Zucker mit 125 ml Wasser in die Pfanne leeren und wirklich nur leicht erhitzen, bis sich der Zucker auflöst. Nicht umrühren, doch die Pfanne von Zeit zu Zeit rütteln, damit sich der Zucker mit dem Wasser vermischt. Inzwischen ein Backblech großzügig mit Öl einpinseln und die Nüsse darauflegen.
Orangen vorbereiten: Mit einem gezahnten Messer oben und unten eine Scheibe abschneiden. Durch das Fleisch schneiden. Die Frucht aufrecht auf die Arbeitsfläche setzen. Das Messer ungefähr horizontal halten und von oben beginnend die Schale, das Mark und die Haut wegschneiden. Dabei der Wölbung der Frucht folgen, so daß die Orange bis auf das Fleisch geschält ist. Von oben nach unten weiterschneiden, dabei rundherum arbeiten, bis das Fruchtfleisch gänzlich frei von Mark und Haut ist. Die Orange seitlich halten und quer durch die Segmente im Abstand von 6 mm in Scheiben schneiden, dabei zusammen lassen. Die Scheiben auf einen Servierteller legen und auffächern. Den Vorgang mit den übrigen Orangen wiederholen.
Während die Orangen geschnitten werden, den Sirup beobachten. Sobald sich der Zucker aufgelöst hat, stärker erhitzen und ohne umzurühren kochen lassen. Das ist wichtig, denn durch das Umrühren kristallisiert er leicht. Nach 4–6 Minuten werden die Blasen nur noch langsam zerplatzen. Das zeigt, daß das meiste Wasser verdunstet ist. 1–2 Minuten später wird sich der Sirup am Rand verfärben. Leicht die Hitze reduzieren und aufpassen, da der Sirup innerhalb von 30–60 Sekunden tiefgolden karamelisieren wird. Wenn er ungleichmäßig kocht, die Pfanne sanft rütteln.
Wenn der Karamel zu rauchen beginnt und deutlich dunkel ist, vom Ofen nehmen und die halbe Menge des Sirups über die Nüsse auf dem Backblech leeren. Nicht alle Nüsse werden bedeckt sein, was aber kein Problem ist, da sie später mit dem Karamel zerkleinert werden. Dieses Nußkaramel auskühlen und hart und knusprig werden lassen.
Sofort die Sauce zubereiten: 4 Eßlöffel Wasser zum Rest des Karamels in der Pfanne geben. Nicht zu nahe am Körper halten, da es spritzen wird. Schnell arbeiten, da der Karamel im Topf weiterkocht und, wenn er zu dunkel ist, bitter wird. Wieder erhitzen und den Karamel 1–2 Minuten kochen, damit er sich im Wasser auflöst und leicht sirupartig eindickt. Beiseite stellen, während die Orangen fertiggeschält werden, dann die Sauce darüberleeren. Im Kühlschrank ungefähr 30 Minuten kühl stellen.
Wenn der Nußkaramel hart ist (in 4–5 Minuten), vom Backblech heben. Wenn nötig, mit einem metallenen Pfannenheber lösen, indem man das Ganze von unten anhebt. In eine stabile Plastikfolie geben und mit einem Nudelholz kräftig darüberrollen, dabei in kleine Splitter brechen. Kurz vor dem Servieren die Orangen mit knusprigem Nußkaramel bestreuen. Sie können den Salat bis zu einem Tag vorher zubereiten; in diesem Fall aber den knusprigen Karamel gut zudecken, da er bei Zimmertemperatur weich wird.

Orangensalat mit Honigkaramel

Honig ergibt ein Karamel mit einem guten Aroma und muß ein wenig länger gekocht werden als Zucker.

In obigem Rezept die Nüsse weglassen. Zucker durch 150 g Honig ersetzen und mit der halben Menge Sirup einen knusprigen Honigkaramel zubereiten. Aus dem restlichen Sirup eine Sauce – wie beschrieben – herstellen.

In Kürze

1 Zucker mit 125 ml Wasser in einer kleinen schweren Pfanne erhitzen, bis sich der Zucker aufgelöst hat. Backblech großzügig mit Öl bestreichen und Nußstücke darauflegen.

2 Mit einem gezahnten Messer Orangen schälen. Haut und Mark bis zum Fleisch wegschneiden. Fleisch in 6 mm dicke Scheiben schneiden und überlappend auf 4 Serviertellern anrichten.

3 Inzwischen auf den Sirup achten. Wenn sich der Zucker aufgelöst hat, Sirup 4–6 Minuten ohne Rühren kochen, bis er zu karamelisieren beginnt. Hitze leicht reduzieren und weiter bis zu einem tiefgoldenen Karamel kochen. Die halbe Menge des Karamels über die Nüsse leeren und setzen lassen.

4 Zu dem restlichen Karamel 4 Eßlöffel Wasser geben, zurücktreten, da es spritzen wird. 1–2 Minuten kochen, bis er sich aufgelöst hat. Sauce über die Orangenscheiben gießen. Rund 30 Minuten kühlen.

5 Wenn der Nußkaramel hart ist, in eine Plastikfolie wickeln und mit einem Nudelholz zu kleinen Splittern vermahlen. Kurz vor dem Servieren jeden Teller mit Pecankaramel bestreuen.

Siehe Seite 5

Marokkanische Galettes mit Trockenfrüchten und Schokolade

Vorbereitung: 14 Minuten
Backen: 20–25 Minuten
Lagerung: bis zu 8 Stunden
in einem luftdichten
Behälter

4 Portionen

60 g ungesalzene Butter
60 g Halbbitterschokolade
75 g Walnußstücke
30 g getrocknete Aprikosen
30 getrocknete Feigen
1 Päckchen Blätterteig

Brik ist die marokkanische Version des griechischen Blätterteigs. Er ist etwas dicker und nicht so fein, beinahe wie ein asiatisches Reisküchlein, allerdings aus Weizenmehl. Er wird verwendet für die berühmte b'staela, eine Pastete in Schichten, gefüllt mit einer tollen Mischung aus Taubenfleisch, frischem Koriander, Safran, Zimt und Zucker. Die Füllungen können auch süß sein, mit getrockneten Früchten und Nüssen, wie bei diesen Galettes. Verwenden Sie geschälte Pistazien, wenn sie nicht zu kostspielig sind, ich rate Ihnen hier zu weniger teuren Walnußstücken. Die Füllung wird mit Schokolade gebunden, eine üppige Mischung in einem auf den ersten Blick unscheinbaren Teigpäckchen. Wenn Ihnen ein Brik unterkommt, nehmen Sie ihn auf jeden Fall. Ich rate Ihnen hier zu gefrorenem Blätterteig, der in fast allen Lebensmittelgeschäften erhältlich ist. Ich kann keine ganz genauen Mengenangaben machen, da die Teigblätter verschieden groß sind, aber mit vier Blättern von jeweils 30 cm Seitenlänge kommen Sie hin. Ich überlasse es Ihnen, sie auf die richtige Größe zuzuschneiden. Sie können zum Spaß Teigstücke zu überdimensionalen Rosen formen und auf die Galettes setzen.

Den Backofen 5 Minuten vor Beginn auf 190 Grad/Gas Stufe 3 vorheizen.
Die Butter bei kleiner Hitze in einem kleinen Topf oder in der Mikrowelle zergehen lassen. Die Schokolade mit einem großen, scharfen Messer hacken. Sie sollte bis auf ein paar grobe Stücke relativ fein gehackt sein, denn das sorgt für eine entsprechende Konsistenz. Zusammen mit den Walnüssen in eine Schüssel geben. Auch die Aprikosen und die Feigen ziemlich fein hacken und in die Schüssel geben. Sie werden an der Klinge kleben bleiben, deshalb hilft es, wenn Sie die Klinge mit warmem Wasser spülen. Die Füllung verrühren, damit sie sich gut mischt.
Blätterteig trocknet sehr schnell aus, wenn die Packung einmal offen ist. Halten Sie deshalb ein feuchtes Küchentuch bereit oder verwenden Sie Küchenkrepp. Packen Sie den Blätterteig aus und rollen Sie die Blätter auf. Nehmen Sie ein Blatt und legen Sie es auf die Arbeitsfläche. Dünn mit Butter bestreichen, das nächste Blatt darüberlegen und ebenfalls mit Butter bestreichen. Damit so fortfahren, bis 4 Schichten entstanden sind. Wenn die restlichen Teigblätter währenddessen austrocknen, bedecken Sie sie mit dem feuchten Tuch. Sie können die übrigen Teigblätter für ein anderes Rezept verwenden.
Backblech mit Butter bestreichen. Vier Quadrate von 15 cm aus den Teigblättern schneiden und den Verschnitt für die Garnierung aufheben. Die Füllung mit einem Löffel in die Mitte der Quadrate häufen.
Die Galette einschlagen: Die Ecken hochziehen und übereinanderlegen, damit die Füllung vollständig bedeckt ist. Rasch umdrehen, mit der Handfläche flachdrücken und mit den gewölbten Händen runde Teigstücke formen, die wie Frikadellen aussehen.
Die Galettes mit den Nahtstellen nach unten auf ein Backblech legen und mit Butter bepinseln. Wenn Zeit bleibt, Teigreste locker einschlagen und zu vier Spiralen rollen, die wie Rosen aussehen. Ebenfalls auf das Backblech legen. Sie können aber auch jeweils vier Löcher in die Oberseite der Galettes stechen, die dann wie Knöpfe aussehen. Diese Löcher dienen auch dazu, daß der Dampf entweicht.
Die Galettes im vorgeheizten Backofen 20–25 Minuten knusprig braun backen. Ein Metallspieß, der in die Mitte einer Galette gesteckt wird, sollte sich nach 20 Sekunden beim Herausziehen heiß anfühlen. Die Rosen sind nach 12 bis 15 Minuten knusprig hellbraun, also werden sie zuerst herausgenommen. Auf einem Backrost auskühlen lassen.
Die Galettes warm oder kalt servieren, mit Puderzucker bestreut und nach Belieben mit einer Teigrose verziert. Wenn Sie die Galette mit einer Gabel öffnen, werden Sie feststellen, daß die Schokolade zu einer köstlichen Creme geschmolzen ist.

In Kürze

1 Backofen 5 Minuten vor Beginn auf 190 Grad/Gas Stufe 3 vorheizen.

2 Butter zergehen lassen. Inzwischen Schokolade, Aprikosen und Feigen mit einem großen Messer hacken. In einer Schüssel mit Walnüssen vermischen.

3 Teigblätter auspacken und ein Blatt auf die Arbeitsfläche legen. Leicht mit zerlassener Butter bepinseln. Das nächste Blatt darüberlegen, wieder mit Butter bepinseln. So fortfahren, bis Sie 4 Lagen haben. Backblech mit Butter bestreichen.

4 Schneiden Sie 4 Vierecke von ca. 15 cm Länge aus dem Teig. Ein Viertel der Füllung auf jedes Viereck setzen. Für die Form: Die Ecken hochziehen und übereinanderlegen, damit die Füllung völlig bedeckt ist. Schnell umdrehen, abflachen und rund wie eine Frikadelle formen. Auf das Backblech legen und mit Butter bestreichen.

5 Wenn Zeit bleibt, Teigreste locker einschlagen und zu vier Spiralen rollen, die wie Rosen aussehen. Auf das Backblech legen. Rosen 12–15 Minuten und Galettes 20–25 Minuten knusprig braun backen.

6 Die fertigen Bäckereien zum Abkühlen auf einen Rost legen. Mit Puderzucker bestreuen, nach Belieben mit einer Teigrose verzieren. Warm oder kalt servieren.

Gebratene Honigäpfel, gefüllt mit Schokolade

Vorbereitung: 8 Minuten
Backen: 40–50 Minuten
Lagerung: bis zu 2 Tagen im Kühlschrank

4 Portionen

4 mittelgroße Äpfel (ungefähr 750 g)
125 g Zartbitterschokolade
4 gehäufte Eßlöffel Honig (ungefähr 100 g)

Dieses Rezept beruht eigentlich auf einem Zufall: Eines Tages wollte ich einen Bratapfel füllen, als ich feststellte, daß mir die Rosinen ausgegangen waren. In meiner Verzweiflung verwendete ich statt dessen Schokolade. Das Ergebnis war köstlich. Es ist wichtig, eine säuerliche Apfelsorte zu verwenden, die beim Braten flaumig weich und saftig wird. Klassische Favoriten sind Cox Orange oder Reinetten, obwohl Sie auch auf den allgegenwärtigen Granny Smith zurückgreifen können. Bratäpfel schmecken am besten frisch aus dem Ofen – doch passen Sie auf, innen werden sie brühheiß sein!

Den Backofen 5 Minuten vor Beginn auf 190 Grad/Gas Stufe 3 vorheizen.
Äpfel abwischen und das Gehäuse herausstechen. Wenn Sie keinen Apfelentkerner haben, benutzen Sie einen Gemüseschäler, drücken ihn kräftig durch die Mitte des Apfels und drehen ihn dann, um das Gehäuse zu lösen. Das Ganze wiederholen, bis Sie eine Höhlung ausgekratzt haben, die mit einem Durchmesser von 2,5 cm groß genug ist, um die Schokoladevierecke aufzunehmen. Die Haut jedes Apfels horizontal rund um die Mitte aufschlitzen, damit sich das Fleisch ausdehnen kann, ohne die Schale aufzureißen. Die Schokolade in kleine Vierecke brechen und einige in die Höhlung jedes Apfels schieben.
Die Äpfel in eine niedrige Backform setzen. Sie sollten nicht zu nahe beieinander stehen, damit die Hitze zirkulieren kann. 125 ml Wasser darübergießen und auf jeden Apfel einen Löffel voll Honig geben.
Die Äpfel im vorgeheizten Backofen 40–50 Minuten braten, bis sie weich sind, wenn man mit einem Spieß hineinsticht. Wenn Sie Zeit haben, gelegentlich übergießen, so daß die Äpfel vom Honig überzogen werden. Gegen Ende des Garens mehr Wasser dazugeben, wenn es den Anschein hat, daß der Honig austrocknet.
Die Äpfel heiß servieren. Den Honigsirup als Sauce darüberleeren.

Gebratene Honigäpfel, gefüllt mit Schokolade

In Kürze

1 Backofen 5 Minuten vor Beginn auf 190 Grad/Gas Stufe 3 vorheizen.

2 Äpfel abwischen, ausstechen und rund um die Mitte die Haut einschneiden. Mit Schokolade füllen.

3 Äpfel in Backform setzen, 125 ml Wasser darüberleeren und auf jeden Apfel einen Löffel voll Honig geben.

4 Für 40–50 Minuten backen, bis sie weich sind. Wenn nötig, mehr Wasser dazugeben. Heiß servieren. Honigsirup als Sauce darüberleeren.

Marmeladensoufflé

Vorbereitung: 12 Minuten
Backen: 7–10 Minuten
Ruhen: bis zu 2 Stunden im Kühlschrank vor dem Backen

4 Portionen

Wäre die Zubereitung dieses Desserts nicht so ein Vergnügen, würde ich zögern, dieses einfache Marmeladensoufflé überhaupt als ein Rezpet zu bezeichnen. Es besteht aus einem leichten Soufflé, vermischt mit geschmolzener Marmelade aus passierten Früchten oder einem Gelee. Wählen Sie Zitrone, Orange oder Limette – was Ihnen am ehesten zusagt. Wenn Sie Ihre Marmelade selbst machen, gibt es kaum eine bessere Möglichkeit, Ihre Gäste zu beeindrucken. Wenn nicht, halten Sie Ausschau nach einer guten gängigen Marke, der kein Zucker zugesetzt ist. Falls Sie ein größeres Fest planen, zögern Sie nicht, die Zutaten zu verdoppeln, da die meisten Mixer acht Eiweiße verarbeiten können.

Die allererste Orangenmarmelade soll für Maria Stuart, Königin der Schotten, zubereitet worden sein, die für einige Zeit am französischen Hof lebte. Bei ihrer Rückkehr nach Edinburgh im Alter von 18 Jahren fand sie Schottland kalt und rauh. Eines Tages, sie war gerade kränklich, erfand ihr französischer Koch etwas Neues zum Einkochen, um sie wieder aufzuheitern, und nannte es Marie est malade *(Maria ist krank). Das ist eine hübsche Geschichte, obwohl Skeptiker davon ausgehen, daß* marmelade *in Frankreich die Bezeichnung für einen Fruchtaufstrich war. Um bei der schottischen Version zu bleiben, könnten Sie das Soufflé mit schottischem Buttergebäck servieren.*

15–30 g Butter
200 g Zitronenmarmelade
4 Eiweiße
eine Prise Salz
60 g Zucker

4 große Auflaufformen (250 ml)
Mixer

Den Backofen 5 Minuten vor Beginn auf 190 Grad/Gas Stufe 3 vorheizen. Die Butter in einem kleinen Topf oder in der Mikrowelle zergehen lassen und die Auflaufformen mit Butter bestreichen. Die Marmelade mit 4 Eßlöffel Wasser bei mittlerer Hitze schmelzen lassen.

Inzwischen die Eiweiße mit einer Prise Salz in einen Mixer geben und auf mittlerer Stufe schlagen. Durch das Salz bilden die Eiweiße einen glatten, festen Schaum. Sobald die Eiweiße schaumig sind, den Mixer 2–3 Minuten auf die höchste Stufe stellen, bis der Schnee sehr steif ist. Während des Schlagens Zucker hinzugeben und 30–60 Sekunden weiterschlagen, bis die Eiweiße glänzen und ein leichtes Baiser bilden. Die Eiweiße werden dadurch ein bißchen weicher und bilden feste Spitzen, die nicht umkippen, wenn man den Mixer herauszieht.

Inzwischen auf die Marmelade achten. Ist sie glatt und geschmolzen, vom Ofen nehmen und beiseite stellen. Wenn das Baiser fertig ist, etwa ein Viertel der warmen Marmelade beigeben und sehr sorgfältig zusammenrühren. Diese leichte Mischung ist jetzt viel einfacher in die übrige Baisermasse unterzuheben. Geben Sie die Mischung in die Masse und vermengen Sie die beiden so sanft wie möglich. Sobald die Masse glatt ist, in die vorbereiteten Auflaufformen füllen, dabei in der Mitte ein wenig erhöhen. Die Formen auf ein Backblech stellen und die Soufflés im vorgeheizten Backofen 7–10 Minuten braun backen, bis sie schön aufgegangen sind.

4 Teller vorbereiten, die Formen daraufstellen und sofort servieren.

In Kürze

1 Backofen 5 Minuten vor Beginn auf 190 Grad/Gas Stufe 3 vorheizen. Auflaufformen mit Butter ausstreichen.

2 Marmelade mit 5 Eßlöffel Wasser schmelzen lassen.

3 Inzwischen Eiweiß mit einer Prise Salz steif schlagen. Zucker dazugeben und noch 30–60 Sekunden zu einer leichten Baisermasse schlagen.

4 Ein Viertel der Baisermasse in die geschmolzene, noch warme Marmelade rühren. Diese Masse zum restlichen Baiser geben und unterheben.

5 Mischung in vorbereitete Formen leeren. In die Mitte kleine Häufchen setzen. 7–10 Minuten backen, bis sie aufgehen und bräunen.

6 Auflaufformen auf Teller geben und sofort servieren.

Schokoladenmousse mit Orangen

Vorbereitung: 10 Minuten
Kühlen: 2 Stunden im Kühlschrank
Lagerung: bis zu 24 Stunden im Kühlschrank

4 Portionen

4 Eiweiße
eine Prise Salz
250 g Halbbitterschokolade
1 Orange
30 g Zucker
6 EL Sahne
2 EL Grand Marnier oder ein anderer Orangenlikör

Mixer
4 Moussetassen oder Auflaufförmchen

Eine Schokoladenmousse wird weniger durch die Zeit und den Aufwand, den Sie auf sich nehmen, als durch die Qualität der verwendeten Schokolade in Erinnerung bleiben. Die Topmarken sind überraschenderweise sehr unterschiedlich im Geschmack: einige sind cremig, andere würzig und ein wenig bitter. Ich persönlich schätze den rauchigen Geschmack einer Schokolade, die einen hohen Kakaoanteil hat. Dieses besondere Rezept basiert auf ganache, *einer klassischen Kuchenfülle aus Schokolade, die in Sahne geschmolzen und durch geschlagenes Eiweiß aufgehellt wurde. Sie können den Orangengeschmack der Mousse variieren, indem Sie unterschiedliche Liköre verwenden, wie Crème de Menthe für Minze oder Kahlua für Kaffee.*

Rund 2,5 cm Wasser in einer kleinen Stielkasserolle für ein Wasserbad zum Kochen bringen. Die Eiweiße mit einer Prise Salz, damit sie gut aufgehen, in den Mixer geben. Steif schlagen. Man muß es nicht mit der Hand machen, der Mixer leistet ebenso gute Dienste. Währenddessen die Schokolade in große Stücke brechen und hacken. In eine kleine, feuerfeste Schüssel geben und zum Schmelzen auf das Wasserbad setzen.

Schälen Sie zunächst mit einem Gemüseschäler ein Stück Schale von der Orange ab und reiben Sie den Rest fein.

Wenn die Eiweiße steif sind, Zucker dazugeben und 30 Sekunden weiterschlagen, bis sie zu glänzen beginnen und eine leichte Baisermasse mit kleinen Spitzen bilden, wenn der Mixer hochgehoben wird. Beiseite stellen.

Die Ganache zubereiten: Sahne in einer kleinen Stielkasserolle aufkochen lassen und über die Schokolade leeren. 15 Sekunden im Wasserbad stehenlassen, dann rühren, bis die Schokolade geschmolzen und glatt ist. Aus dem Wasserbad nehmen, Likör und geriebene Orangenschale unterrühren.

Die Schokoladenmischung zum Eischnee geben, sanft unterheben und durchmischen. Es ist kein Problem, wenn die Schokolade noch warm ist, sie wird den Eischnee leicht garen und ihn steifer machen. Die Mousse in Mousse- oder Auflaufförmchen leeren. Wenn Sie weder das eine noch das andere haben, könne Sie auch gestielte Gläser oder hübsche Kaffeetassen verwenden.

Die Mousse bedecken und mindestens 2 Stunden kühl stellen, bis sie sich gesetzt hat. Sie hält sich gut, und das Aroma wird dadurch milder.

Zum Servieren die Orangenschale in 4 dünne Streifen schneiden. Verknoten, jeweils auf ein Förmchen setzen und auf einzelnen Tellern servieren.

In Kürze

1 Wasser in einer kleinen Stielkasserolle zum Kochen bringen. Eine Prise Salz zu den Eiweißen geben und steif schlagen.

2 Inzwischen die Schokolade hacken. In eine schmale, feuerfeste Schüssel geben und auf ein Wasserbad setzen.

3 Einen Streifen Schale von der Orange schälen. Den Rest reiben.

4 Zucker zum Eiweiß geben und 30 Sekunden weiterschlagen, bis es glänzt. Beiseite stellen.

5 Ganache zubereiten: Sahne in kleiner Stielkasserolle aufkochen lassen und über die Schokolade leeren. Schüssel 15 Sekunden im Wasserbad lassen, dann glattrühren, bis eine Ganache entsteht. Likör und geriebene Orangenschale einrühren. Ganache zum Eischnee geben und sanft unterheben, schließlich ordentlich durchmischen.

6 In Förmchen leeren, zudecken und mindestens 2 Stunden kühlen.

7 Zum Servieren Orangenschale in 4 dünne Streifen schneiden. Streifen verknoten und jeweils auf eine Mousse setzen.

Weißweingranité mit Brombeeren

Vorbereitung: 12 Minuten
Frieren: mindestens 3 und bis zu 12 Stunden

4 Portionen

Alkohol und Zucker verhindern das Einfrieren einer Flüssigkeit. Es ist daher nicht überraschend, daß süße Weißweine ein perfektes krümeliges Granité mit der Konsistenz von leicht gefrorenem Schnee ergeben. Im Gegensatz zu den meisten Granitémischungen muß der Wein beim Kühlen nicht geschlagen werden, doch Sie müssen mit ungefähr 3 Stunden Gefrierzeit für den Wein rechnen, bevor Sie ihn servieren können.

Ein voller Muskateller, wie Beaumes de Venise, ergibt ein ausgezeichnetes Granité, wie auch seine Verwandten, wie Montbazillac und Frontignan. In Kalifornien produziert man jetzt auch volle Weißweine aus spät geernteten Trauben, und die Botrytiskellereien von Australien bieten weitere Möglichkeiten an. Einige Gebiete in Österreich sind auf süße Weine spezialisiert. Die Eisweine oder Spätlesen aus dem Burgenland sind bekannt. Sie sind eher teuer, dafür brauchen Sie aber auch nur eine halbe Flasche. Wir geben dem Wein zusätzlich Aroma, indem wir ihn mit Wacholderbeeren und Zimt ziehen lassen. (Schwarzbeeren oder Blaubeeren sind gute Ausweichmöglichkeiten). Vergessen Sie nicht auf ein oder zwei knusprige Kekse, um den Genuß zu vervollständigen.

½ Flasche süßer Weißwein
50 g Zucker
15 g Wacholderbeeren
2 Zimtstangen
375 g Brombeeren

4 große Becher oder Stielgläser

Wein mit Zucker und 125 ml Wasser in einen Topf geben und bei starker Hitze aufkochen lassen. Ein- bis zweimal umrühren, bevor es kocht.

Inzwischen die Wacholderbeeren locker in eine Plastikfolie oder eine -tüte wickeln und mit einem Nudelholz oder dem Boden einer schweren Pfanne zerdrücken. Zusammen mit Zimt in den Weinsirup geben, die Hitze reduzieren und 5 Minuten bei schwacher Hitze kochen lassen. Vom Herd nehmen und 2 Minuten – oder länger – ziehen lassen.

Währenddessen, die Brombeeren verlesen, die Stiele entfernen. Nicht zugedeckt im Kühlschrank stehenlassen. Die Brombeeren nur waschen, wenn sie schmutzig sind und erst in der letzten Minute. Mit Küchenkrepp trockentupfen.

Den Weinsirup durch ein Sieb in eine flache Glasform, einen Tontopf oder ein Metallgeschirr gießen. Mit Plastikfolie abdecken und im Gefrierschrank kühlen. Achten Sie darauf, für Wein oder andere säurehaltige Mischungen rostfreie Metallbehälter zu verwenden, da sie sehr schnell einen metallischen Geschmack annehmen.

Das Granité mindestens 3 Stunden frieren lassen, bis es fest und durch die Kristalle schneeartig ist. Die genaue Zeit hängt von der Temperatur Ihres Gefrierschranks ab; Sie können das Granité auf jeden Fall für weitere 2–3 Stunden stehenlassen, ohne daß sich seine Konsistenz verändert. Wenn man es länger als 12 Stunden stehenläßt, verliert es möglicherweise die weiche Konsistenz. Die Gläser im Gefrierschrank kühlen.

Kurz vor dem Servieren die Brombeeren in die gekühlten Gläser leeren. Mit einer Gabel das Granité aus der Schüssel heben und auf die Früchte setzen. Die Gläser auf eine Serviette stellen, damit sie nicht rutschen; ein bis zwei Kekse dazulegen und sofort servieren.

Weißweingranité mit Rosmarin

Ein Granité schmeckt zu jeder Zeit des Jahres gut, und so wie die Jahreszeiten wechseln, können Sie auch die Kräuter, Gewürze und sogar den Wein variieren.

In obigem Rezept ersetzen Sie die Wacholderbeeren und die Zimstangen durch 2 große Zweige Rosmarin. Den Rosmarin auf die gleiche Art zermahlen und das Granité wie beschrieben zubereiten. Die Brombeeren durch 2–3 mittelgroße Nektarinen ersetzen. Halbieren, in Scheiben und dann in Würfel schneiden. Das Granité in gekühlten Gläsern wie beschrieben servieren.

In Kürze

1 Wein mit Zucker und 125 ml Wasser bei hoher Hitze aufkochen lassen. Ein- bis zweimal umrühren.

2 Inzwischen die Wacholderbeeren locker in eine Plastifolie einwickeln und zerdrücken. Mit Zimtstangen in den Weinsirup geben und 5 Minuten leicht kochen lassen. 2 Minuten ziehen lassen oder länger, wenn genug Zeit ist.

3 Beeren verlesen und nicht zugedeckt kühl stellen. Wenn nötig, spülen, doch erst kurz vor dem Servieren.

4 Sirup durch ein Sieb in eine flache Glasform oder einen Steinguttopf leeren, mit Folie abdecken und im Gefrierschrank ungefähr 3 Stunden kühlen, bis er fest und leicht kristallisiert ist. Sie können ihn bis zu 12 Stunden im Gefrierschrank aufbewahren. Gläser kühlen.

5 Kurz vor dem Servieren Beeren in gekühlte Gläser geben. Mit einer Gabel Granité herausheben und auf die Früchte setzen. Sofort servieren. Kekse dazu reichen.

Ein schnelles Finale

Beschwipster Brot- und Butterpudding

Vorbereitung: 10 Minuten
Backen: 50–60 Minuten
Lagerung: bis zu 2 Tagen im Kühlschrank

4–6 Portionen

175 g trockenes Brot mit Kruste
45 g Rosinen ohne Kerne
125 ml Rum oder Whisky
375 ml Milch
ungesalzene Butter für die Form
4 Eier
100 g Zucker
½ Teelöffel Vanilleessenz

Backform für 1,5 l

Ein guter Brot- und Butterpudding hängt vom Brot ab. Es sollte mindestens einen Tag alt, trocken und weich sein. Viel Kruste ist wichtig, da sie dem Pudding Farbe und Konsistenz gibt. Sie können französisches Baguette, italienisches Ciabatta oder einfach ein gutes weißes oder dunkles Hausbrot verwenden. Die andere entscheidende Eigenschaft eines Brot- und Butterpuddings ist die Mischung der Aromen. Rosinen sind unverzichtbar, und Vanille paßt ebenfalls gut dazu. Die Rosinen laden zu einem Hauch Rum oder Whisky ein, den wir hier direkt in die Eiercreme mischen, in der das Brot eingeweicht wird.
Das Essen ist deftig, Übriggebliebenes hat aber noch jedes Mal seine Abnehmer gefunden. Eine Beilage ist nicht nötig, obwohl ein Löffel Eiscreme durchaus dazupaßt.

Den Backofen 5 Minuten vor Beginn auf 190 Grad / Gas Stufe 3 vorheizen.
Um dem Brot- und Butterpudding eine unverkennbare Konsistenz zu verleihen, reiße ich das Brot in 2,5 cm große Stücke. Diese zusammen mit den Rosinen in eine große Schüssel geben und den Rum oder Whisky und ungefähr zwei Drittel der Milch darüberleeren. Mit den Händen die Brotstücke drücken, bis sie die ganze Flüssigkeit aufgesogen haben. Dann einweichen lassen. Die Backform mit Butter ausstreichen.
Die Eier mit Zucker und Vanille in einer großen Schüssel glattschlagen. Die restliche Milch darunterrühren. Diese Masse über das Brot leeren und vorsichtig vermengen.
Die Mischung in die vorbereitete Backform geben und gleichmäßig verteilen. Sie sollte rund 4 cm hoch sein, damit der Pudding, nachdem er gebacken ist, oben knusprig und in der Mitte weich ist. Achten Sie darauf, daß nicht zu viele Rosinen oben sind, da sie während des Backens austrocknen.
Den Pudding im vorgeheizten Backofen 50–60 Minuten backen, bis die Masse fest und die Oberfläche knusprig und braun ist. Eine Fleischnadel, mit der man in die Mitte sticht, sollte sauber bleiben und heiß sein, wenn man sie berührt.
Heiß servieren, eventuell mit Eiscreme.

Brot- und Butterpudding mit Äpfeln

Das ist eine etwas traditionellere Version des beschwipsten Brot- und Butterpuddings. In obigem Rezept 2 Tartäpfel dazugeben und Rum oder Whisky durch 125 ml mehr Milch ersetzen. Während das Brot eingeweicht wird, die Äpfel, ohne sie zu schälen, halbieren und das Gehäuse ausstechen. Würfelig schneiden und mit den Rosinen unter das Brot rühren.

In Kürze

1 Backofen 5 Minuten vor Beginn den auf 190 Grad / Gas Stufe 3 vorheizen.

2 Brot in Stücke reißen, mit Rosinen in eine große Schüssel geben und Rum oder Whisky und ungefähr zwei Drittel der Milch darüberleeren. Die Backform mit Butter ausstreichen.

3 Eier zusammen mit Zucker und Vanille mit dem Schneebesen glattschlagen und die restliche Milch dazurühren. Diese Eiercreme unter das Brot rühren.

4 Mischung in die vorbereitete Form leeren. In einer gleichmäßig hohen Schicht von 4 cm verteilen.

5 Für 50–60 Minuten backen, bis der Pudding von einer braunen, knusprigen Schicht überzogen ist. Ein Spieß, den man hineinsteckt, sollte dabei sauber bleiben. Warm servieren.

Siehe Seite 123

Bretonischer Butterkuchen

Vorbereitung: 14 Minuten
Backen: 35–45 Minuten
Lagerung: bis zu 3 Tagen in einem luftdichten Behälter

6–8 Portionen

250 g Mehl
250 g ungesalzene Butter und ein wenig mehr für die Form
250 g Puderzucker
6 Eier

Springform mit 22,5 cm Durchmesser

Der bretonische Butterkuchen ist sicher das beste Buttergebäck, das Sie je probiert haben. Sie benötigen keine Rührschüssel, da er wie ein französischer Kuchen zubereitet wird: auf einer flachen Arbeitsfläche, um einen weichen Teig herzustellen, der wie lockeres, flaumiges Biskuit gebacken wird. Er läßt sich gut ein bis zwei Tage in einem luftdichten Behälter aufbewahren. Man kann ihn alleine oder mit Beeren oder einem Fruchtkompott essen. Verwenden Sie auf jeden Fall ungesalzene Butter; gesalzene Sorten würden Ihnen den Genuß gehörig »versalzen«.

Den Backofen 5 Minuten vor Beginn auf 175 Grad/Gas Stufe 2 vorheizen.
Die Butter sollte Zimmertemperatur haben, denn dann ist sie leichter zu mischen. Die Tortenform mit ein wenig Butter ausstreichen.
Geben Sie das Mehl auf die Arbeitsfläche. Ich lasse das Sieben aus, weil der Teig ohnehin durchgeknetet wird. In die Mitte mit der hohlen Hand eine etwa 25 cm breite Vertiefung drücken, in die die weiteren Zutaten kommen.
Zucker und Butter in die Vertiefung geben. Die Eier trennen und alle bis auf ein Eigelb dazugeben. Mit der Eierschale ein Eigelb teilen, etwa die Hälfte davon zum Glasieren in der Schale lassen, die andere Hälfte zu den Zutaten geben (das Eiweiß verwenden Sie für das Marmeladensoufflé auf Seite 116). Halten Sie einen Teigspachtel oder einen Teigschaber bereit.
Mischen Sie die Zutaten mit den Fingerspitzen einer Hand. Nach 1–2 Minuten ist die Masse weich und klebrig. Ziehen Sie nach und nach das Mehl mit dem Teigschaber unter. Mischen Sie mit den Händen und dem Schaber weiter, bis ein roher Kuchenteig entsteht. Weitermischen, bis der Teig weicher wird und nach 2–3 Minuten eine glatte, klebrige Masse bildet.
Die Masse mit dem Teigschaber in die Springform schaufeln. Hände waschen, nicht abtrocknen. Eine Faust machen und den Teig auf den Boden der Form drücken. Mit dem restlichen Eigelb den Teig gleichmäßig bestreichen. Mit der Gabel ein Gittermuster hineindrücken – das ist das klassische Aussehen eines bretonischen Butterkuchens.
Backen Sie den Kuchen 30–45 Minuten goldbraun, bis er in der Mitte fest ist und sich von den Rändern leicht löst. Lassen Sie ihn nicht zu lange backen, sonst wird trocken. In der Form auskühlen lassen. Den lauwarmen Kuchen in der Form auf eine Schüssel oder eine große Tasse stellen und den Rand der Form abnehmen. Mit einem Spachtel den Kuchen vom Boden der Form lösen und auf einem Kuchenteller zum Tisch bringen. In Stücke schneiden. Warm schmeckt er übrigens genauso köstlich wie kalt.

In Kürze

1 Backofen 5 Minuten vor Beginn auf 175 Grad/Gas Stufe 2 vorheizen. Die Butter sollte Zimmertemperatur haben. Tartform mit ein wenig Butter ausstreichen.

2 Mehl auf die Arbeitsfläche geben und mit der Hand in der Mitte eine Vertiefung machen. Butter, Zucker und Eigelb dazugeben. Ein halbes Eigelb für die Glasur aufbewahren. Mit den Fingerspitzen einer Hand 1–2 Minuten durchmischen, bis der Teig glatt ist. Mehl untermischen und 2–3 Minuten kneten, bis eine glatte, klebrige Masse entsteht.

3 In die vorbereitete Springform geben, mit der nassen Faust den Teig flachdrücken. Mit dem restlichen Eigelb bestreichen und mit der Gabel ein Gittermuster in den Teig drücken.

4 Für 35–45 Minuten goldbraun backen, bis der Teig sich an den Rändern von der Springform löst. In der Form erkalten lassen. Auf einem Kuchenteller servieren.

Geschichtetes Himbeerfool mit Schokolade

Vorbereitung: 14 Minuten
Kühlen: mindestens
1 Stunde und bis zu
24 Stunden im Kühlschrank

4 Portionen

250 ml Sahne
30 g Zartbitterschokolade
250 g Himbeeren
2 EL Kirschbrand oder Zitronensaft
60 g Zucker oder nach Belieben mehr
15 g Mandeln in Scheiben oder Stiften

Mixer
4 große Stielgläser

Die Creme in Schichten hat laut Nachschlagewerken ihren Ursprung im britischen Nationaldessert, dem Trifle. Doch ich bin überzeugt davon, daß es vom französischen fouler, *auf deutsch aufschlagen, stammt, wenn man nach der Art und Weise geht, wie dieses Dessert zubereitet wird. Säuerliches Obst ist für dieses Dessert am besten – pochierter Rhabarber und Stachelbeeren rivalisieren mit Himbeeren und Erdbeeren um den ersten Platz. Um einen gewissen Biß hinzuzufügen, liegen zwischen den Schichten der Creme Mandeln und geriebene Schokolade.*
Mit einem bretonischen Butterkuchen (Seite 121) wird diese Creme zu einem echten Hit bei Einladungen.

Damit die Sahne nicht gerinnt, kühle ich das Schlagwerkzeug des Mixers und die Schüssel gerne 5–10 Minuten vor Beginn im Gefrierschrank. Die Creme und die Gläser sollen im Kühlschrank gekühlt werden.
Die Schokolade auf ein Stück Papier oder einen Teller reiben. Das läßt sich am leichtesten bewerkstelligen, indem man die Schokolade an den Seiten mit einem Sparschäler abkratzt. Im anderen Fall reiben Sie die Schokolade mit dem groben Gitter einer Reibe.
Die Sahne in die gekühlte Schüssel geben und schlagen. Während Sie sich mit den Himbeeren beschäftigen, die Creme nicht aus den Augen lassen. Wenn sie steif zu werden beginnt, genau darauf achten, bis sie sanfte Spitzen macht, wenn der Mixer herausgehoben wird.
Inzwischen die Himbeeren verlesen. Nur dann in einem Sieb mit kaltem Wasser spülen, wenn sie staubig sind, da sie durch Wasser aufgeweicht werden und ihre Konsistenz verlieren. Ungefähr zwei Drittel der Himbeeren in einer Küchenmaschine pürieren. Dann mit einem Kochlöffel durch ein feines Sieb in eine Schüssel pressen, um die Samen zu entfernen. Die Küchenmaschine spart Zeit, Sie können die Himbeeren aber auch direkt durch das Sieb drücken.
Kirschbrand und Zucker einrühren (wenn Sie für Kinder kochen, Zitronensaft verwenden) und abschmecken. Nach Belieben mehr Zucker dazugeben. Die restlichen Himbeeren beiseite stellen. Das Himbeerpüree zur Creme geben und vorsichtig, aber gründlich unterheben. Während des Unterhebens wird die Creme wegen der Fruchtsäure ein wenig mehr eindicken.
Das Dessert zusammenstellen: Das Himbeerfool mit einem Löffel in die gekühlten Gläser geben. Aus einer gewissen Höhe hineinleeren, damit es nicht an den Seiten kleben bleibt. Die Gläser zu einem Drittel füllen. Das Fool mit der halben Menge Schokolade und Mandeln bestreuen. Pro Glas 2–3 Himbeeren dazugeben. Mehr Fool hineingeben, dann eine zweite Schicht Schokolade und Mandeln mit einigen weiteren Himbeeren. 4 Himbeeren für die Garnierung aufbewahren. Gläser mit dem restlichen Fool füllen und jedes mit einer Himbeere garnieren.
Mindestens 1 Stunde, besser einen Tag kühlen. Das Aroma des Fools wird sich während dieser Zeit verbessern, obwohl sich vielleicht ein wenig Flüssigkeit am Boden absetzt.

Geschichtetes Erdbeerfool mit Schokolade

In obigem Rezept ersetzen Sie die gleiche Menge Himbeeren durch Erdbeeren. Die Erdbeeren verlesen und zwei Drittel davon wie beschrieben pürieren. Den Rest blättrig schneiden. 4 schöne Früchte für die Garnierung aufbewahren. Das Rezept wie beschrieben zubereiten.

Unten: Geschichtetes Himbeerfool mit Schokolade, serviert mit einem bretonischen Butterkuchen

In Kürze

1 Schlagwerkzeug und Schüssel 5–10 Minuten vor Beginn in einem Gefrierschrank kühlen. Sahne und Serviergläser ebenfalls im Kühlschrank kühlen.

2 Schokolade reiben. Creme im Mixer aufschlagen, bis sanfte Spitzen entstehen.

3 Inzwischen Himbeeren verlesen, nur waschen, wenn sie staubig sind. Ungefähr zwei Drittel in einer Küchenmaschine pürieren und Püree durch ein Sieb in eine Schüssel passieren, um die Samen zu entfernen. Kirschbrand oder Zitronensaft einrühren und mit Zucker abschmecken. Restliche Himbeeren beiseite stellen.

4 Wenn die Creme sanfte Spitzen wirft, Himbeerpüree dazugeben und sanft unterheben.

5 Gläser jeweils mit einem Drittel Fool füllen. Mit der halben Menge Schokolade und Mandeln bestreuen und 2–3 Himbeeren pro Glas dazugeben. Dann wieder eine Schicht Fool und eine weitere Schicht Schokolade, Mandeln und Himbeeren in die Gläser füllen. 4 Himbeeren für die Garnierung übriglassen. Die Gläser mit dem restlichen Fool auffüllen und mit einer Himbeere garnieren.

6 Mindestens 1 Stunde vor dem Servieren kühl stellen.

Ein schnelles Finale

Heiße Erdbeercreme

Vorbereitung: 14 Minuten

4 Portionen

Das ist keine Crème brûlée, *nicht einmal eine Variante davon, sondern ein Dessert aus Erdbeeren und Sahne mit einem Überzug aus braunem Zucker. Die Erdbeeren sind von einer geschlagenen Creme überzogen, dick mit braunem Zucker bestreut und gegrillt – richtig, gegrillt! Unter der starken Hitze schmilzt der Zucker und wird zu einem knackigen Überzug, die Sahne schäumt und bräunt leicht, und die Erdbeeren bekommen genügend Hitze ab, daß sie warm werden. Andere Früchte, wie Blaubeeren, Pfirsiche in Scheiben oder Birnen, eignen sich ebenfalls gut für dieses köstliche, originelle Dessert.*

500 ml Sahne
750 g Erdbeeren
250 g dunkler brauner Zucker

Mixer
flache Backform

Den Grill 5–10 Minuten vor Beginn aufheizen und das Schlagwerkzeug und die Schüssel des Mixers im Gefrierschrank kühlen, die Sahne auch im Kühlschrank kühlen.

Die Sahne in die gekühlte Schüssel leeren und schlagen. Nach 2–3 Minuten wird die Sahne eindicken. Dann genau auf den Zeitpunkt achten, an dem sich steife Spitzen bilden, wenn man den Mixer heraushebt. Wenn man die Sahne zu lange schlägt, gerinnt sie und wird zu Butter. Dafür besteht aber keine große Gefahr, wenn die Sahne vorher gut gekühlt wurde. Ein Hauch von Gelb und eine leicht rauhe Konsistenz sind Alarmsignale. Sofort mit dem Schlagen aufhören.

Während die Sahne geschlagen wird, die Erdbeeren verlesen und in einem Sieb unter kaltem Wasser waschen, wenn sie schmutzig sind. Das Wasser weicht sie auf und verdirbt ihre Konsistenz. Die Erdbeeren in einer Lage in der Backform anrichten. Sie sollten alle den Boden berühren. Sind einige zu groß, sollten sie halbiert werden.

Wenn die Sahne steif ist, mit einem Spachtel über die Erdbeeren verteilen, so daß sie vollständig bedeckt sind. Wenn Sie das Dessert 1–2 Stunden vorher zubereiten wollen, stellen Sie es nun kühl.

Mit den Fingern den braunen Zucker über die Creme krümeln, so weit wie möglich in einer gleichmäßigen Schicht. So schnell wie möglich auf der höchsten Einschubleiste unter den Grill geben und 3–4 Minuten grillen. Zuerst wird der Zucker schmelzen und dann, wenn er karamelisiert, in die Creme einsinken, die leichte Blasen wirft. Ist die Creme schön gebräunt, ist das Dessert fertig.

Auf einen Teller stellen und rasch servieren.

In Kürze

1 Grill 5–10 Minuten vor Beginn vorheizen und Schlagwerkzeug und Schüssel kühlen.

2 Sahne schlagen. Inzwischen die Erdbeeren verlesen. Nur waschen, wenn sie schmutzig sind. In einer Backform verteilen. Alle großen Erdbeeren halbieren. Wenn die Creme steife Spitzen macht, über die Erdbeeren verteilen.

3 Mit den Fingern braunen Zucker über die Creme krümeln, so gleichmäßig wie möglich verteilen. Auf höchster Einschubleiste 3–4 Minuten grillen, bis der Zucker geschmolzen ist und die Creme zu bräunen beginnt. Sofort servieren.

Marinierte Pfirsiche

Vorbereitung: 4 Minuten
Marinieren: 1 Stunde oder bis zu 24 Stunden im Kühlschrank

4 Portionen

1 Flasche fruchtiger Rotwein (750 ml)
100 g Zucker oder nach Belieben mehr
1 Zitrone
½ TL Vanilleessenz
4 große Pfirsiche (ungefähr 750 g)
Biscotti oder Amaretti zum Servieren (italienisches süßes Biskuit oder Mandelgebäck)

Diese in Rotwein, Zitrone und Zucker marinierten Pfirsiche sollten mit Biscotti oder Amaretti gereicht werden, um damit den Saft aufzutunken. Das Rezept reicht zurück bis ins Mittelalter und wurde chicolle *genannt. Damit bezeichnet man ein Püree, das dick genug ist, um es leicht mit einem Löffel zu essen.*

Sie können die Pfirsiche meistens sofort essen, wenn man sie länger mariniert, werden sie jedoch voller im Geschmack. 12–24 Stunden sind ideal. Nehmen Sie auf alle Fälle einen fruchtigen Rotwein. Ein Zinfandel paßt gut, ebenso viele Rotweine aus dem Rhônetal. Versuchen Sie auch einmal Erdbeeren auf diese Art zu marinieren.

Wein in eine mittelgroße Servierschüssel leeren und Zucker unterrühren. Die Schale der Zitrone so dünn wie möglich schälen. Einen Sparschäler benutzen. Achten Sie darauf, nicht das Mark mitzuschneiden, da es bitter sein kann. Jeden Streifen der Schale über dem Wein zwischen den Fingern drehen, damit sich das Zitronenöl löst, bevor man die Streifen in den Wein fallen läßt. Die Vanilleessenz dazugeben und 20–30 Sekunden umrühren, damit sich der Zucker im Wein auflöst.

Der Grund dafür, daß sich dieses Dessert so rasch zubereiten läßt, liegt darin, daß ich mir nicht die Mühe mache, die Pfirsiche zu schälen. Ich glaube, daß durch das Einweichen in Wein auch die dickste Haut aufgeweicht wird. Zuerst die Pfirsiche halbieren: Entlang der Einkerbung die Frucht bis zum Kern einschneiden. Mit beiden Händen drehen, damit sich die Hälften lösen. Pfirsiche, bei denen der Kern freiliegt, werden sich schneller trennen lassen als jene, bei denen er am Fleisch klebt. Dafür bräuchten Sie ein Messer. Von außen sieht man das nicht, fragen Sie deshalb am besten im Geschäft nach einer entsprechenden Sorte. Kern ausstechen und entfernen.

Jede Hälfte in 5–6 sichelförmige Scheiben schneiden und in den Weinsirup geben. Sanft umrühren, um Früchte und Sirup zu mischen, und mit einem Teller beschweren, damit die Früchte ganz eingetaucht sind. Mindestens 30 Minuten bis zu einem Tag kühl stellen. Kurz vor dem Servieren den Teller entfernen und den Sirup kosten. Nach Belieben mehr Zucker dazugeben. Den Rand der Schüssel mit Küchenkrepp sauberwischen und die marinierten Pfirsiche in der Schüssel servieren. Getrennt davon Biscotti oder Amaretti reichen, damit die Gäste sie in ihre Schälchen tunken können.

In Kürze

1 Wein in eine mittelgroße Schüssel leeren und Zucker einrühren. Zitrone schälen und jeden Streifen zwischen den Fingern drehen, bevor man ihn in den Sirup fallen läßt. Vanilleessenz einrühren.

2 Pfirsiche entlang der Einkerbung halbieren und drehen, damit sich die Hälften vom Kern lösen. Kern entfernen. Jede Hälfte in 5–6 Scheiben schneiden. In den Sirup geben.

3 Die Pfirsiche mit einem Teller beschweren, damit sie ganz in den Sirup getaucht sind, und mindestens 30 Minuten bis zu einem Tag kühl stellen.

4 Kurz vor dem Servieren Teller entfernen und den Sirup probieren. Nach Belieben mehr Zucker hinzugeben. Marinierte Pfirsiche in einer Schüssel servieren und dazu italienisches Mandelgebäck reichen.

Menüs in weniger als einer Stunde

Für kein Rezept aus diesem Buch benötigen Sie mehr als 15 Minuten in der Küche, deshalb können Sie in weniger als einer Stunde ein opulentes Menü mit zwei oder drei Gängen zusammenstellen, und dabei bleibt sogar noch Zeit, um abzuwaschen und den Tisch zu decken. Hier sind einige Menüvorschläge – einige lassen sich teilweise oder ganz vorbereiten, andere sind für Situationen gedacht, in denen Sie mehr Zeit haben. Diese Variante sagt mir am meisten zu. Alle Menüs sind für vier Personen berechnet, und einige können ohne größeren Aufwand für doppelt so viele Personen zubereitet werden.

Mit Freunden essen

Es ist möglich, dieses Menü eine Stunde vorher zuzubereiten, doch ich bevorzuge die entspanntere Methode und gare das Hähnchen vor, damit sich das Aroma besser entfalten kann. Die Sauce ist würzig und verlangt nach einer klassischen asiatischen Beilage, wie gekochtem Reis. Für das Backen der einzelnen Marmeladesoufflés brauchen Sie weniger als 10 Minuten. Bereiten Sie sie deshalb vor dem Essen vor und stellen Sie sie in den Kühlschrank, während Sie die ersten zwei Gänge servieren.

Chicoréesalat mit Ziegenkäse auf Toast *(Seite 87)*
Hähnchen in Chili-Kokosnuß-Sauce *(Seite 26)*
Marmeladensoufflé *(Seite 116)*

Bis zu 2 Tagen vorher: Hähnchen kochen und tiefkühlen.
Eine halbe Stunde vorher: Chicorée, Dressing und Käsetoasts vorbereiten.
20 Minuten vorher: Reis kochen, Hähnchen bei niedriger Temperatur erwärmen; Soufflés vorbereiten und kühl stellen.
10 Minuten vorher: Reis abtropfen lassen, in eine gebutterte Schüssel geben und warm stellen; Toast grillen.
5 Minuten vorher: Salat zerpflücken (schneiden), auf Teller legen und Toast hinzufügen; Platte ausschalten und Hähnchen warm stellen.
Nach dem Servieren des Hähnchens: Soufflés backen.

Essen in letzter Minute 1

Eine *Chaudrée*, die bretonische Variante einer Fischsuppe, ist ein wunderbarer Eintopf mit Kabeljau (Dorsch), Miesmuscheln, Kartoffeln und Zwiebeln, die alle im Sud von Venusmuscheln und Sahne ziehen. Während er gart, ist Zeit für ein einfaches Dessert aus Orangenspalten, die mit knusprigem Karamel überzogen sind, um ein leichtes, aber schmackhaftes Essen zu vervollständigen.

Bretonische Fischsuppe *(Seite 30)*
Orangensalat mit Nußkaramel *(Seite 110)*

Eine halbe Stunde vorher: Fischsuppe zubereiten und 6–8 Minuten ziehen lassen.
15 Minuten vorher: Orangen und Karamel vorbereiten und kühl stellen.
Vor dem Servieren der Orangen: Mit knusprigem Karamel bestreuen.

Essen in letzter Minute 2

Das ist ein großes Herbstmenü, wenn Pilze und Birnen Saison haben, obwohl es das ganze Jahr über gerne gegessen wird. Zur Pasta würde ich einen grünen Salat reichen und zu den Birnen Eiscreme oder Kekse. Sie werden warm serviert, da sie noch ein wenig ziehen, während Sie den Hauptgang genießen. Dieses Menü ist gut geeignet für viele Gäste, denn es läßt sich leicht die doppelte oder dreifache Menge zubereiten.

Farfalle mit Pilzen und Nüssen *(Seite 50)*
Pfefferbirnen in Rotwein *(Seite 106)*

Eine halbe Stunde vorher: Birnen vorbereiten und pochieren.
20 Minuten vorher: Pilzsauce rühren und Farfalle kochen.
10 Minuten vorher: Salat waschen, Dressing anrichten und mit dem Salat vermischen.
Kurz vor dem Essen: Farfalle abtropfen lassen und mit der Sauce und den Nüssen vermischen.
Während des Essens: Die Birnen probieren und den Sirup ziehen lassen.
Vor dem Servieren der Birnen: Birnen in Schälchen legen, nach Belieben Eiscreme hinzugeben und heißen Sirup darüberlöffeln.

Ein marokkanisches Essen

Zwei marokkanische Rezepte, eine Hähnchentajine und süßes Gebäck, gefüllt mit Trockenfrüchten, Nüssen und Schokolade, passen gut für ein exotisches Abendessen. Sie können den Abend mit Mezze beginnen, kleinen Tellern mit Oliven, gerösteten Mandeln, gerösteten Kichererbsen, crudités (Gemüserohkost), vielleicht ein wenig Humus (Kichererbsenpürree) und Pittabrot aus dem Delikatessenladen. Servieren Sie die Mezze mit Getränken vor dem Essen oder als ersten Gang. Beilagen sind nicht nötig, da Auberginen mit dem Hähnchen gekocht werden.

Hähnchentajine mit Auberginen *(Seite 27)*
Marokkanische Galettes mit Trockenfrüchten und Schokolade *(Seite 112)*

Einen Tag vorher: Tajine kochen und tiefkühlen; Galettes backen und luftdicht lagern.
Eine halbe Stunde vorher: Tajine im Backofen bei 180 Grad/ Gas Stufe 2 erwärmen.
Vor dem Servieren der Tajine: Ofen abdrehen und nach Belieben Galettes im Backofen warm stellen.
Vor dem Servieren der Galettes: mit Puderzucker bestreuen.

Ein Sommermenü

Farbenprächtig und erfrischend, wird dieses Menü Sie und Ihre Gäste an einem heißen Tag beleben. Kochen ist eigentlich kaum nötig, und zusätzlich braucht das Menü auch keine Beilagen, außer Eiswürfel für den Gazpacho! Die halbe Vorbereitung, sei es Mittag- oder Abendessen, ist am Vortag erledigt. Nur das Dessert wird vor dem Essen zusammengestellt.

Rotwein-Gazpacho *(Seite 12)*
Seeteufel mit Pancetta und Spinat *(Seite 33)*
Geschichtetes Himbeerfool mit Schokolade *(Seite 122)*

Einen Tag vorher: Gazpacho und Creme vorbereiten und kühl stellen.
35 Minuten vorher: Seeteufel in Pancetta wickeln, binden und im Backofen braten.
7 Minuten vorher: Spinat vorbereiten und kochen.
Vor dem Servieren: Seeteufel probieren; wenn er gar ist, Spinat in die Pfanne geben, Seeteufel auf den Spinat legen und mit Alufolie abdecken, wieder in den Backofen stellen, ausschalten und warm halten; Gazpacho in gekühlte Schalen leeren, Eiswürfel und Gurkenstreifen dazugeben.
Vor dem Hauptgericht: Küchengarn lösen, Fisch aufschneiden und mit Spinat auf einer Platte oder auf Tellern anrichten.
Vor dem Servieren der Creme: Mit Himbeeren garnieren.

Ein Wintermenü

Bei diesem Menü wird das meiste kurz vor dem Servieren gekocht. Nur die Mousse wird im vorhinein zubereitet. Baguette paßt gut dazu. Während Sie die ersten zwei Gänge servieren, bäckt der Pudding im Backofen fertig, so daß er ganz heiß auf den Tisch kommt. Eine Zabaione oder Eis runden das Bild ab.

Hühnerlebermousse mit Äpfeln *(Seite 16)*
Schweinekotelett mit Zwiebelconfit *(Seite 40)*
Beschwipster Brot- und Butterpudding *(Seite 120)*

Bis zu 3 Tagen vorher: Mousse zubereiten und tiefkühlen.
45 Minuten vorher: Wenn Sie Bratkartoffeln servieren, Kartoffeln kochen; Zwiebelconfit zubereiten und ziehen lassen; Schweinekoteletts braten und beiseite stellen.
30 Minuten vorher: Brot- und Butterpudding vorbereiten und backen.
Vor dem Servieren der Mousse: Moussetöpfe auf Teller stellen und Brot als Beilage aufschneiden; Koteletts zum Confit geben und warm stellen.
Vor dem Servieren der Koteletts: Pudding probieren, und wenn er gar ist, Rohr abdrehen und warm stellen.

Italienischer Brunch

Viele italienische Rezepte sind ideal für einen Brunch. Die Granité wird vorbereitet. Die anderen zwei Gerichte werden am Morgen zubereitet, um sie in einem Gang zu servieren. Schneiden Sie noch ein wenig köstliches Brot auf, und Sie können sich zu Tisch setzen.

Frittata mit Spinat und Ziegenkäse *(Seite 98)*
Ratatouille à la minute *(Seite 91)*
Weißweingranité mit Brombeeren *(Seite 118)*

Am Vorabend: Granité rühren und frieren.
45 Minuten vorher: Frittata vorbereiten und kochen lassen.
30 Minuten vorher: Ratatouille zubereiten und bei Zimmertemperatur stehen lassen; Brombeeren putzen, in Gläser geben und kühl stellen.
Vor dem Servieren von Frittata und Salat: Brot aufschneiden; Frittata auf einer Platte oder auf Tellern anrichten.
Vor dem Servieren der Granité: Granité mit einer Gabel aus der Schüssel heben und mit Brombeeren garnieren.

Register

Äpfel:
    Beschwipster Brot- und Butter-
        pudding 120
    Gebackener Schinken mit
        Äpfeln und Sahne 44 f.
    Gebratene Honigäpfel
        mit Schokolade 113–115
Auberginen:
    Provenzalische Trilogie 103
    Ratatouille à la minute 91–93
    Hähnchentajine mit Auberginen 27 f.
Austern:
    Teuflische Engel zu Pferd 14

Backpflaumen:
    Teuflische Engel zu Pferd 14
Birnen:
    Pfefferbirnen in Rotwein 106
Bretonischer Butterkuchen 121
Bretonische Fischsuppe 30
Brot:
    Panzanella 74 f.
    Beschwipster Brot- und Butter-
        pudding 120
Brunnenkressesalat, Thailändisches
    Pfannengericht mit 60

Chicoréesalat mit Ziegenkäse auf
    Toast 87
Crazy salad 71 f.

Desserts 106–124

Eier siehe auch Frittata, Omeletts
    Spiegeleier mit Ratatouille 93
    Überbackene Eier mit
        Zwiebeln und Croûtons 96 f.
Erdbeeren:
    Geschichtetes Erdbeerfool mit
        Schokolade 122
    Heiße Erdbeercreme 124

Farfalle mit Pilzen und Nüssen 50 f.
Fenchel: Forelle mit Fenchel und
    Kräutern in Pergament 36 f.
Feigen:
    Salat aus gefülltem Hähnchen mit Fei-
        gen und Blauschimmelkäse 81 f.
    Würzige Feigen in Rotwein 106
Feuertopf, Mongolischer 52 f.
Fisch siehe auch Kabeljau, Lachs etc.
    Gebratener Fisch »Belle Florence«
        38 f.
    Gebratener Fisch mit Sellerie
        und Ingwer 39
Fischsuppe, Bretonische 30
Fool:
    Himbeeren und Schokolade 122 f.
    Erdbeeren und Schokolade 122
Forelle mit Fenchel und Kräutern in
    Pergament 36 f.
Frisée: Warmer Friséesalat mit Speck 86
Frittata:
    mit Tomaten und Oregano 97–99
    mit Spinat und Ziegenkäse 98

Garnelen:
    Garnelen- und Tintenfischsalat 78 f.
    Pfannengerührte Reisnudeln mit
        Garnelen 54
Gazpacho, Rotwein- 12
geräucherter:
    Schellfisch, Kedgeree 64
    offenes Omelett mit Schellfisch 56 f.
    Rillettes aus geräuchertem Lachs 20
    Rillettes aus geräucherten Makrelen
        20

Granité, Weißwein-
    mit Brombeeren 118 f.
    mit Rosmarin 118 f.
Gemüse: Gebratenes Wurzelgemüse mit
    Walnüssen 100
Gurken:
    Griechischer Salat auf Burgunderart
        75 f.
    Gurkensalat 60 f.
    Panzanella 74 f.

Hähnchen:
    Hähnchen in Salzkruste 25
    Hähnchen in Chili-Kokosnuß-Sauce
        26
    Hähnchenflügel mit Sahnetomaten 24
    Hähnchentajine mit Auberginen 27 f.
    Salat aus gefülltem Hähnchen mit
        Feigen und Blauschimmel-
        käse 81 f.
    Pfannengerührtes Hähnchen
        auf indonesische Art 60 f.
    Pfannengerührtes Hähnchen
        auf thailändische Art 60
    Himbeerfool mit Schokolade 122 f.
    Honigäpfel mit Schokolade, Gebratene
        113–115
    Hühnerlebermousse mit Äpfeln 16

Indonesisches Pfannengericht, würziges
    60 f.

Jakobsmuscheln:
    gebacken mit Kräuterbutter 31
    Muschelsalat mit Kreuzkümmel-
        dressing 78 f.

Kabeljau: Bretonische Fischsuppe 30
Karamel, Orangensalat mit 110 f.
Kartoffeln:
    Gratin aus geriebenen Kartoffeln
        und Käse 95
    Gebratenes Schweinekarree mit
        Kartoffeln auf Bäckerart 42 f.
Käse:
    Chicoréesalat mit Ziegenkäse
        auf Toast 87
    Frittata mit Spinat und Ziegenkäse 98
    Gratin aus geriebenen Kartoffeln
        und Käse 95
    Griechischer Salat auf Burgunder-
        art 75 f.
    Soufflé mit Blauschimmelkäse 94
Kedgeree 64
Kirschenstrudel 107 f.
Kokosnuß: Hühnchen in
    Chili-Kokosnuß-Sauce 26
Krabbensoufflé, Höllisches 28
Kürbis mit Pflaumen und Speck,
    Gebackener 90

Lachs:
    Schnitzel in Senfsauce 49
    Lachscarpaccio 18
    siehe auch geräucherter Lachs
Linsen mit Koriander und Speck 102

Marmeladensoufflé 116
Marokkanische Galettes mit Trocken-
    früchten und Schokolade 112 f.
Melonensalat mit Balsamessig 21
Minestrone à la minute 48
Mongolischer Feuertopf 52 f.
Mousse:
    Hühnerleber und Äpfel 16
    Schokolade mit Orange 117
Muscheln: Bretonische Fischsuppe 30

Nudeln:
    Pfannengerührte Reisnudeln mit
        schwarzen Pilzen 54 f.
    Pfannengerührte Reisnudeln
        mit Garnelen 54 f.

Oliven:
    Spaghetti alla Siciliana 66
    Schnapper mit Tapenade
        aus grünen Oliven 32
Omelett:
    Offenes Omelett mit
        geräuchertem Schellfisch 56 f.
    Offenes Omelett nach Bauernart 56 f.
Orangen:
    Schokoladenmousse mit 117
    Orangensalat mit Nußkaramel 110 f.
    Orangensalat mit Honigkaramel 111

Pancetta, Seeteufel mit Spinat und 33 f.
Panzanella 74 f.
Paprika:
    Griechischer Salat auf Burgunderart
        75 f.
    Paprikasalat mit Peperoniwurst und
        Rucola 70
Pasta siehe Farfalle, Spaghetti, Tagliatelle
Pfannengericht auf thailändische
    Art mit Brunnenkresse 60 f.
Pfirsiche, marinierte 125
Pflaumen:
    Gebackener Kürbis mit Speck und 90
    Pflaumenkuchen 109
Piccatine vom Kalb mit Pilzen und
    Marsala 57 f.
Pilze:
    Farfalle mit Pilzen und Nüssen 50 f.
    Kalbspiccatine mit Pilzen und
        Marsala 57 f.
    Provenzalischer Salat mit frischem
        Thunfisch 77
    Provenzalische Trilogie 103

Ratatouille:
    Spiegeleier mit 93
    à la minute 91–93
    Pikantes Steak mit Tomaten 62
    Rillettes aus geräuchertem Lachs 20
    Römische Salatsuppe 13
    Rotkrautsalat mit Apfel und Roquefort
        83 f.
    Roter Schnapper siehe Schnapper
    Rotwein-Gazpacho 12
Reis: Kedgeree 64
Rucola, Paprika mit Pfefferoni und 70

Salatsuppe, Römische 13
Salbei, Spaghetti à la Emma mit 65
Salate 69–87
    aus gefülltem Hähnchen mit Feigen
        und Blauschimmelkäse 81 f.
    aus Rotkraut, Apfel und Roquefort 83 f.
    Chicorée mit Ziegenkäse auf
        Toast 87
    Crazy salad 71 f.
    Garnelen und Tintenfische mit
        Korianderdressing 78
    Griechischer auf Burgunderart 75 f.
    Gurken 60 f.
    Melonen mit Balsamessig 21
    Muscheln mit Kreuzkümmeldressing
        78 f.
    Panzanella 74 f.
    Paprika mit Peperoniwurst und
        Rucola 70
    Warmer Salat à la Provence mit
        frischem Thunfisch 77
    Warmer Friséesalat mit Speck 86

Schellfisch siehe geräucherter Schellfisch
Schinken:
    Gebratener, in Paprikasauce 45
    Gebackener, mit Äpfeln
        und Sahne 44 f.
Schnapper mit Tapenade aus grünen
    Oliven 32
Schokolade:
    Mousse mit Orangen 117
    Honigäpfel mit 113–115
    Marokkanische Galettes mit
        Trockenfrüchten und 112 f.
    Himbeerfool mit 122 f.
    Erdbeerfool mit 122
Schwein:
    Gebratenes Schweinekarree mit
        Kartoffeln auf Bäckerart 42 f.
    Gebratenes Schweinekarree mit
        Knollensellerie und Speck 43
    Kotelett mit Zwiebelconfit 40
Sellerie:
    Gebratenes Schweinekotelett mit
        Speck und 43
    Gebratener Fisch mit Ingwer und 39
Shrimps im Topf 17
Siziliana, Spaghetti alla 66
Soufflés:
    mit Blauschimmelkäse 94
    mit Krabben 28
    mit Marmelade 116
Seeteufel mit Pancetta und Spinat 33 f.
Spaghetti:
    à la Emma mit Salbei 65
    alla Siciliana 66
Speck: Teuflische Engel zu Pferd 14
Spinat:
    Frittata mit Ziegenkäse und 98
    Seeteufel mit Pancetta und 33 f.
Steak mit Tomaten, pikantes 62
Suppen:
    Minestrone à la minute 48
    Römische Salatsuppe 13
    Rotwein-Gazpacho 12

Tagliatelle:
    mit Koriander und Ingwer 67
    mit Petersilie und Pinienkernen 65
Teuflische Engel zu Pferd 14
Thailändisches Pfannengericht mit
    Salat aus Brunnenkresse 60
Thunfisch:
    Thunfischsteak »Marchand de Vin«
        59
    Warmer Salat à la Provence mit 77
Tintenfisch- und Garnelensalat 78 f.
Tomaten:
    Panzanella 74 f.
    Pikantes Steak mit 62
    Frittata mit Pflaumen, Oregano und
        97–99
    Provenzalische Trilogie 103
    Rotwein-Gazpacho 12
    Gebratener Fisch »Belle Florence«
        38 f.

Warmer Friséesalat mit Speck 86
Weißweingranité:
    mit Brombeeren 118 f.
    mit Rosmarin 118 f.
Wein:
    Pfefferbirnen in Rotwein 106 f.
    Rotwein-Gazpacho 12
    Würzige Feigen in Rotwein 106
    Thunfischsteak »Marchand de Vin« 59
    Weißweingranité 118 f.

Zucchini: Provenzalische Trilogie 103
Zwiebel:
    Schweinekotelett mit Confit aus 40